LA MANICURISTA
Una historia de la vida real
© Margarita González, 2020
© De esta edición:
Margarita González, 2020

Edición:
Anahí Barrionuevo
Diseño y diagramación:
Juan José Kanashiro

ISBN: 978-1-7363290-1-6

Margarita González

M la anicurista

Una historia de la vida real

Ms Inguanzo:

Mi hijo Gabriel Olano va para
"High School".
Nos vamos de EBT felices y
agradecidos de haber contado
con profesoras como usted, que
enseñan con amor y dedicación.

Con cariño,
Margarita Gonzalez
Junio de 2021

A mi esposo y a mis hijos,
con todo mi amor.

Conocí a Mónica un día en que estaba de visita en casa de mis padres. Ella llegó para arreglarles las uñas a mi mamá, a mi hermana y a mi sobrina. La saludé y le pregunté si era posible que me diera un turno después de ellas tres. A cambio recibí una gran sonrisa y un «Claro que sí, ¡ni que estuviéramos bravas!».

Llegado el momento, Mónica empezó a sacar esmaltes de su bolso y a sugerirme colores, mientras me informaba con un tono de voz confiado que el color de moda en ese momento —y el que más pedían las mujeres— era el azul, pero que si se trataba de darle gusto a mi esposo, definitivamente debía escoger el rojo. Escogí un esmalte color café y le confesé a Mónica que sentía como si la conociera de toda la vida, pues mi mamá y mi hermana me habían hablado mucho de ella. Nos hicimos preguntas mutuamente, curiosidad de mujeres. Durante un tiempo que no tiene medida, Mónica me habló de su vida y yo le hablé de la mía. Su manera de hablar franca y apasionada me cautivó, y definitivamente quise saber más sobre ella. Empecé a preguntar y ella a contestar. Con cada evento que me contaba sobre su vida, tuve la impresión de que desperdiciaba sus palabras por no estar grabándolas, así que le pregunté si me permitiría escribir su historia y ella me contestó que sí.

Ella empezó a hablar y yo a escribir, y así quedó plasmada su historia en este libro, donde, excepto el de Mónica, los nombres han sido cambiados por razones de seguridad. Como se verá, la historia, que es real, es muy suya, pero también es la de muchos.

Es la de todas esas multitudes de nuestro continente que, como ella, no solo han enfrentado y enfrentan los desafíos de la pobreza, sino también los de la violencia, y que, junto con Mónica, componen un coro de voces que es urgente escuchar.

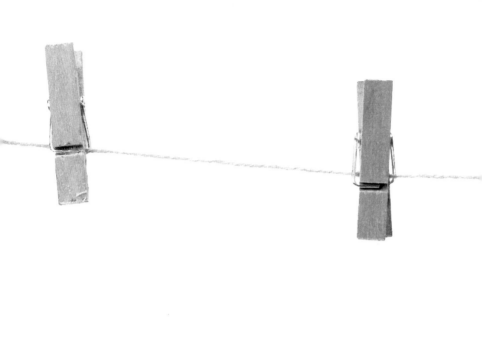

Estrato cero

«Desplazados por la violencia». ¿Quién no ha escuchado esa frase en Colombia? Yo la había oído y leído muchísimas veces en las noticias, pero para mí era una realidad lejana. Nunca le había dado importancia ni había comprendido el sentido que contiene, hasta que me convertí en una de esas personas desplazadas por la violencia. Fue doloroso formar parte de esos números y estadísticas que publican en los periódicos.

Por culpa de la violencia, mientras crecía fui perdiendo amigos y vecinos, asesinados por vivir en esas zonas a las que llamamos «calientes» por su alto nivel de criminalidad. También crecí rodeada de sicarios, vendedores de droga, guerrilleros, paramilitares y prostitutas, todos ellos poniendo su vida y la de otros en riesgo constante. ¿De quién es la culpa? De la pobreza. Como en el dicho popular, «La pobreza es mala consejera».

La muerte puede estar vestida como el amigo de tu hermano o como algún desconocido llamado «sicario». Toda mi vida la he sentido merodeando alrededor. No me ha llevado todavía, y creo que es porque Dios ha querido que sea así. Él tendrá sus razones. Espero que cuando la muerte llegue por mí, me encuentre vieja, y que me lleve de forma natural y serena, no arrebatada a la vida por manos de alguien sin escrúpulos.

Desplazada por la violencia, escapando del lado oscuro de mi entorno, también he podido ver la luz. Está en muchas personas y funciona como en las velas cuando una prendida se acerca a la que está apagada y la enciende. A lo mejor ese es el verdadero origen de la esperanza. A pesar de la oscuridad, siempre se ven lucecitas, y por eso seguimos adelante. Es posible salir de ahí. Es posible escapar. ¿Cómo? Luchando, trabajando. No solo para conseguir dinero, sino también para tener fuerzas, para estar ocupado y para resistir. Muchas veces con miedo o con cansancio, he comprobado que vale la pena luchar.

❧ ❧ ❧

¿Quiere mandar ayuda a África? África está en Cali, en una loma que se llama Siloé.

Vaya a Siloé y nada más empezando a subir la loma va a encontrar niños pobres jugando en la tierra e inventando sus propios juguetes. Las pelotas las hacen ellos, enrollando papeles y plásticos, brincan con cualquier cuerda que se encuentran y un palo de escoba es su espada. Allá hay niños que sueñan con tomarse un yogurt de los que ven en las propagandas de televisión, y niñas de doce o trece años embarazadas, que necesitan de todo: ropa, comida, una casa que no esté a punto de caerse. En Cali tenemos nuestra propia África, con niños llenos de necesidades insatisfechas y familias que no tienen con qué comprar cosas básicas, como comida o medicinas.

El gobierno cataloga a los barrios por estratos que van del uno al seis. Esta clasificación se usa para el cobro de los servicios públicos y para dar subsidios o ayudas sociales. Las familias que viven en los estratos del uno al tres reciben subsidios para el agua y la energía eléctrica, y las que viven en los estratos del cuatro al seis pagan más para subsidiar los servicios de los otros.

Para realizar la clasificación en los estratos, se tienen en cuenta los materiales de los que están hechas las casas, desde las paredes hasta el techo. También influye el estado de la calle, destapada o pavimentada. Mientras más bonitas y finas las casas en un barrio, más alto su estrato; y mientras más sencillas, menor es el estrato. El estrato uno es de la gente más pobre, y el seis, de la gente más rica.

Los que no figuran en la clasificación del gobierno son los estratos cero y menos uno, existentes en Siloé.

¿Cuál sería el estrato de una invasión en la parte más pobre de la loma donde no llegan ni la electricidad ni el alcantarillado? Menos uno. ¿Qué clasificación le darían a una vivienda con un solo cuarto para cuatro o cinco personas, hecha con cartones, pedazos de madera, guaduas, plásticos y láminas de metal? Menos uno. ¿Qué número de la escala le puede corresponder a una de esas casas donde solo se come una vez al día y no llegan ni Papá Noel ni el Niño Dios? ¿O a un lugar lleno de madres solteras y de problemas de salud? Menos uno. ¿Cuál es el estrato de la gente que a pesar de trabajar no logra suplir sus necesidades básicas? Menos uno.

Allá hay viviendas que se inundan cada vez que llueve y otras que se caen cuando tiembla, el calor se siente el doble y el frío es más intenso. Los que hemos habitado en esos lugares sabemos que existen los estratos cero y menos uno. La violencia se suma a las carencias que sufre la gente allá en la loma por el desempleo. Aunque Siloé es una comuna peligrosa, también tiene gente buena, amable y trabajadora. De allá nos tocó salir a mí y a mi familia, antes de que nos mataran. Mi hermano menor y mi esposo sobrevivieron a atentados, pero otros familiares y amigos no corrieron la misma suerte. A todo eso he sobrevivido y aquí relato mi historia, tal como la recuerdo. Hablo por mí, pues mi primera familia contiene a mi mamá y a mis tres hermanos, quienes tienen su propia historia, así que aquí me refiero a lo que yo he visto, vivido y sentido, estando ellos cuatro presentes física y emocionalmente durante todo mi recorrido en la vida.

❀ ❀ ❀

Me llamo Mónica. Siloé es la comuna —o conjunto de barrios— donde nací, en 1975, hace cuarenta y cinco años. Allí crecí. Es un sector pobre que comprende toda una loma en Cali, Colombia. El gobierno clasifica a Siloé como una zona de estrato uno, pero como en Siloé hay zonas que nosotros mismos clasificamos como estrato cero y menos uno, puedo decir que crecí en estrato cero, en una casita hecha por mi mamá.

Soy la tercera de cuatro hijos: tres hombres y yo. Mis papás tienen diferentes orígenes. Mi mamá era hija de un blanco y una indígena, y mi papá era hijo de un negro y una blanca. Yo soy más del color del chocolate. Mi cabello es negro y ondulado, mis ojos son negros y grandes, y soy de estatura mediana, ni alta ni bajita.

No conocí al papá de mi mamá, pues falleció cuando ella era una niña. La mamá de mi mamá, mi abuelita Yamile, era una india hermosa de piel dorada. Quedó viuda siendo joven y tuvo que trabajar fuertemente para mantener a sus hijos.

Nos contaba que se había casado a los catorce años con un hombre cuarentón que ya tenía seis hijos, y a ella le tocó parir quince más. Pobre niña-mujer, embarazada año tras año, habiendo empezado a una edad tan temprana. La ignorancia es cruel. Parecería irresponsable ser pobre y tener tantos hijos, pero muchas mujeres no saben cómo parar. Si no se culpa al hombre que la deja embarazada sin tregua, no se debería culpar a la mujer que trae sus hijos al mundo, y menos en esa época.

A mi abuelita le tocó una vida difícil, por lo que, ya de mayor, se le había forjado un carácter fuerte. Aun así, se percibía en ella su naturaleza bondadosa.

De todos mis abuelos, fue la única que dejó huella en mi vida. Vivía en el barrio Mariano Ramos al sur de Cali, con dos de sus hijas. Cuando íbamos a visitarla, siempre estaba repartiendo comida a personas de la calle. Tejía, cantaba, hacía tendidos de lana, cosas que hacen las abuelas. Siempre que nos visitaba a mis hermanos y a mí, nos traía algún dulcecito.

A mí me hablaba casi sin parar, preparándome para «la vida», como ella la llamaba. Yo no sabía qué contestar, así que solo la escuchaba. Con mis hermanos no hablaba tanto. Probablemente porque yo era la única mujer entre los hijos de mi mamá, me dedicó especial cuidado y no escondía su preferencia por mí.

Con el pasar de los años, su cabello negro se fue mezclando con canas que no le restaban belleza. Al contrario, además de bella, de anciana empezó a lucir sabia.

Algo especial en su forma de hablar era la cantidad de refranes que utilizaba como conclusión para cada charla y para cada conversación: «Al que madruga Dios le ayuda», «La pereza es la madre de todos los vicios», «El acomedido se lleva lo que está escondido», «El perezoso trabaja doble», «El que es buena persona, siempre cae parado». Todos esos dichos me han acompañado y he comprobado que son verdad.

Mi mamá y mi abuela tenían una relación cordial, pero se hablaban poco. Al final de su visita —que por lo general era mensual—, se despedía cariñosamente de nosotros y prometía volver.

Mi abuelo paterno era feo, y mi abuela bonita, era blanca y de ojos azules. No guardo recuerdos amables de ellos, porque fueron más bien invisibles. Era como si no existieran, y nunca recibimos su ayuda ni su cariño. Al contrario, cuando estuve cerca de ellos siendo aún pequeña, pude sentir su indiferencia.

Recuerdo el día en que mi papá nos llevó a mis hermanos y a mí a la casa de los abuelos en un pueblo cercano a Cali, donde vivían con un montón de hijos y nietos. No sé cuántas personas había ese día, entre adultos y niños eran al menos diez. Cuando llegamos, mi papá nos presentó al abuelo y él, en vez de saludarnos, dijo «¿Ya va por cuatro?». Y, dándonos la espalda, se retiró. La abuela nos saludó de lejitos, nos preguntó nuestros nombres y también se apartó sin dar señales de gusto o disgusto. Mi papá nos pidió que esperáramos en la sala y nosotros nos quedamos ahí quietecitos, y al fin y al cabo niños, nos pusimos a conversar y a jugar entre nosotros, de modo que la espera no se hizo larga.

Mi papá habló con su papá, luego se despidió y nos fuimos sin que nos brindaran algo de comer o de tomar, y no se movieron de su lugar para despedirse de nosotros.

Alguna vez de pequeña le pregunté a mi papá cómo se llamaban sus padres y él me dijo sus nombres, pero se me olvidaron. De adolescente volví a preguntarle, esta vez con la intención de recordarlos. Su respuesta fue «¿Para qué?». Y así me dejó, sin los nombres de mis abuelos paternos. No tuvieron nombres ni fueron importantes para mí. Mi mamá dice que su suegra la trataba bien y eso me alegra, pues mi mamá ha sido tan buena que merece que todos la miren con buenos ojos.

Mi mamá se llama Belinda y es una guerrera, aunque pequeñita en estatura. Fue la hija número diez de los quince que tuvo mi abuelita. Se encargó de sus cuatro hijos solita, porque mi papá nunca estuvo realmente dedicado a ella y nunca vivieron juntos. Cuando ella «aterrizó» y se dio cuenta de que mi papá solo la utilizaba, decidió sacarlo de su vida y concentró todos sus esfuerzos en nosotros. Seguramente por eso era tan seria, para infundir respeto y hacer que la obedeciéramos.

Mi mamá nos enseñó a ser agradecidos con Dios y a trabajar hasta lograr nuestros sueños. Nos decía que la vida era para lucharla y que no había que rendirse nunca, que si estábamos tristes era porque ya sabíamos lo que era estar contentos, que lo malo pasaría y siempre vendrían cosas mejores si nos esforzábamos. Mientras otros muchachos estaban por ahí metiéndose en problemas y en negocios raros, mi mamá nos mantenía la cabeza ocupada para que no tuviéramos tiempo de meternos en nada malo.

Cuando fuimos creciendo nos daba el sermón de no buscar pelea, de no usar drogas, de trabajar duro, de agradecer lo poco que teníamos y que estábamos vivos y juntos. Decía que Dios siempre nos estaba mirando, así que no podíamos hacerle daño a nadie. «Engáñenme a mí, pero no se engañen ustedes mismos», nos decía, y nosotros entendíamos que solo de nuestras acciones dependía nuestro futuro. Quiso hacernos fuertes emocionalmente, ya que no podía darnos cosas materiales. La poca ropa que teníamos era de segunda mano, se la habían regalado sus patronas y la cuidábamos como a un tesoro. Los zapatos o chanclas con que contábamos debíamos usarlos hasta que se rompieran completamente, porque no había con qué comprar otros. Ella nos enseñó a cuidar y a reparar nuestras pertenencias para que duraran el máximo tiempo posible. Lo más importante que nos dio fue una familia unida, pues todo lo hacíamos juntos.

Todas las tareas del hogar nos las repartía, y a los cuatro nos trataba igual, así que nunca hubo celos ni competencia entre nosotros. Nos insistía en que los problemas nunca se solucionan con violencia y terminaba diciendo «Recuerden que ustedes son gente de bien». Ahora que pienso en sus palabras, sermones y regaños, entiendo que estaba preparándonos para el mundo en el que estábamos creciendo, pues algún día dejaríamos de vivir bajo sus alas protectoras. Uno de sus grandes miedos era que termináramos muertos o en la cárcel, como fue el destino de algunos familiares, amigos y vecinos.

✽ ✽ ✽

Mi papá era taxista y no vivía con nosotros. Él fue el cuarto de siete hijos, y llegó al mundo junto con un mellizo, que murió. A veces venía a dormir en nuestra casa durante el día, pues decía que tenía que descansar porque de tanto manejar le temblaban las piernas. El mejor horario, según él, era el nocturno, así que dormía de día y salía a trabajar en la noche, por eso casi nunca se encontraba con mi mamá, pues ella bajaba desde muy temprano y regresaba a casa al final de la tarde. Nunca supimos y nunca preguntamos por qué él vivía aparte. Crecimos viéndolo ir y venir, y para nosotros era natural, especialmente porque en el barrio era común ver madres solteras criando solas a sus hijos. Mi mamá nunca nos habló mal de él, así que crecimos queriéndolo, porque además era muy chistoso y nos enseñaba a dibujar y a cantar. No ayudaba a mi mamá, y a nosotros, sus hijos, no nos daba nada. Ni un lápiz aportaba en la casa, solo era una presencia eventual. Aun así, nos sirvió, porque tuvimos la figura paterna presente. Por unas fotos que le encontramos a mi mamá, supimos que había sido cantante además de taxista, e imaginamos que tal vez cantando fue como la enamoró.

Conforme crecimos y aumentaron las necesidades en casa, empezamos a pedirle dinero, a decirle que nos comprara ropa o útiles escolares. Él, en respuesta, desaparecía por una o dos semanas. Cuando volvía a visitarnos para dormir y recobrar fuerzas para seguir de taxista, le hacíamos de nuevo la lista de lo que necesitábamos y el volvía a desaparecer. Recuerdo una tarde en que llegó con una muñeca para mí. Me puse feliz e inmediatamente me puse a jugar con la muñeca, cuando de pronto se le cayó un brazo. Se la llevé para que se lo pusiera de nuevo y seguí jugando. Después de tres veces seguidas en que se le desprendió el brazo a la muñeca, se la devolví y le dije que no la quería. Luego supe que era de segunda mano y que estaba dañada, por eso el brazo no le encajaba. Nunca se tomó el trabajo de traernos un juguete nuevo.

Entre mis más lejanos recuerdos está la primera casita donde vivimos, en lo alto de la loma. Desde allí, a partir de las siete de la noche, podíamos ver todas las luces de la ciudad. Mi mamá llegó a invadir en ese lugar con veintidós años y cuatro hijos a cuestas, de siete, seis, cinco y cuatro años: Hernán, Adalberto, Mónica y Fabián.

Antes habíamos vivido con una hermanastra de mi mamá y sus tres hijos, también en Siloé, en una casa pequeñita. Mi mamá trabajaba para pagar el arriendo de uno de los dos cuartos de la vivienda, hasta que llegó el día en que sintió que tanto ella como sus cuatro hijos necesitaban más espacio y tomó la decisión de salir de ahí.

Dije que mi mamá llegó a invadir porque lo que hizo fue tomar un terreno en una zona no habitada, y ahí armó nuestra casita. Las invasiones son asentamientos humanos de personas que han construido sus viviendas con sus propias manos. Generalmente están ubicadas en lugares de alto riesgo —donde no llegan los servicios públicos precisamente porque no son aptas para construir o para habitar—, pero ante la necesidad, la gente se adapta a lo que sea, con tal de tener un techo sobre su cabeza y la de sus hijos.

Nuestra casita estaba hecha con materiales que le habían regalado a mi mamá unos vecinos. Era más bien un ranchito sin ventanas, metido entre árboles de plátano, rodeado de piedras que pusimos nosotros. Cada vez que veíamos piedras «buenas», las recogíamos y las cargábamos hasta la casa para colocarlas alrededor. La verdad es que solo decoraban, pues no evitaban que nuestra vivienda se viniera abajo de vez en cuando. El techo lo componían láminas de metal puestas unas encima de otras, y cuando corría mucho viento, se movían o se volaban, así que había que ir por ellas y acomodarlas, poniéndoles peso encima para evitar que se fueran de nuevo.

El ranchito se fue agrandando y convirtiendo en casa a medida que mi mamá conseguía materiales más fuertes, con los cuales íbamos reemplazando los anteriores, hasta tenerla casi toda de esterilla y guadua, aunque el piso continuó siendo simplemente de tierra. La puerta eran tres tablas pegadas entre sí con clavos y no estaba unida a la casa. En la mañana se la ponía a un lado y por la noche se la encajaba de nuevo.

Por dentro, nuestra casa era un espacio cuadrado donde había dos camastros. En uno dormíamos dos y en el otro, tres. Una tabla colocada sobre piedras hacía las veces de banca, y teníamos una mesita hecha con leños, donde descansaba una estufa de petróleo para cocinar. Entre las dos camas, un viejo cajón de madera nos servía para guardar los platos y vasos de plástico en que comíamos. Las dos únicas ollas con que contábamos, los platos y los vasos, se lavaban afuera de la casa —igual que nosotros—; los utensilios de cocina, en un platón de aluminio; nosotros, con cualquier frasco o envase, sacando agua de un balde en el cual habíamos recogido agua de un río cercano o que habíamos traído de la casa de una vecina, la única que contaba con servicio de agua potable en nuestro barrio. La ropa la llevábamos en costales para lavarla en la chorrera de una quebrada cercana.

No nos gustaba cuando llovía, porque, por los espacios que quedaban entre las láminas y las tablas, entraba el agua, y como el piso era de tierra, se ponía resbaloso y el olor a humedad era intenso. Si veíamos nubes grises en el cielo, rogábamos para que lloviera solo en el día y no durante la noche, pues si una gotera nos encontraba, nos tocaba reacomodarnos para encontrar un rincón seco donde poder dormir. Cuando caminábamos loma arriba y veíamos cagajón de caballo, lo cogíamos de inmediato. Luego lo mezclábamos con barro húmedo para hacer una pasta y con eso sellábamos los huecos de las paredes de la casa.

Seguimos añadiendo partes al ranchito. Mi mamá había puesto tres guaduas como separador o pared entre el pequeño espacio que hacía de cocina y el cuarto. Una vez le encontramos un huequito a una de esas guaduas y empezamos a meterle las monedas que nos encontrábamos en la calle o que nos daba algún adulto. ¡Esa era nuestra alcancía!

¿Y el baño? No había baño: hacíamos letrinas afuera de la casa. Mi mamá nos indicó cómo cavar un hueco bien hondo en la tierra para hacer nuestras necesidades. Cuando se llenaba un hueco, lo tapábamos, cavábamos otro «sanitario» y lo cubríamos con una tabla mientras se iba llenando. Para nosotros era natural, y hasta divertido. No sabíamos cómo eran las cosas abajo, en la ciudad, que veíamos extendida en el horizonte.

Cuando mi mamá regresaba de trabajar temprano, decía «¡Juguemos antes de que caiga el sol!», y nos ponía a jugar lleva de colores o cualquier cosa que se le ocurriera con tal de hacernos reír un rato. Éramos pobres pero felices. De pequeños, tampoco sabíamos que había familias con papá incluido. Pensábamos que el papá era siempre una figura aparte. Descubríamos el mundo que nos rodeaba con una mamá que nos cuidaba, y creíamos que los demás vivían igual que nosotros. Sabíamos que en otras partes tenían «la luz», o sea la energía eléctrica, y mi mamá nos decía que allá en la loma, a cambio, teníamos el canto de los grillos y de los sapitos que nos arrullaba por la noche. Ella siempre nos mostraba el lado bonito de nuestra vida.

Cierto día, mi mamá llegó con la bandera de Colombia. Los tres hijos mayores le preguntamos para qué servía —el menor pensó que era una cobija—, a lo que ella respondió que era para que los soldados no nos tumbaran el ranchito. En esa época pensábamos que era por aquella tela tricolor que no nos destruían nuestra casita, y por eso la teníamos izada afuera, sostenida con dos clavos. De vez en cuando aparecían grupos de soldados que venían a tirar abajo los ranchitos de invasión, pero solo lo hacían si no había personas dentro. Siempre respetaron las viviendas donde había niños y la nuestra tenía cuatro. Así que nosotros salvamos el ranchito; no fue la bandera.

Uno de los dichos de mi abuelita era «Uno no extraña lo que no conoce», y para nosotros era verdad. Conocíamos poco sobre lo que había al bajar la loma, ignorábamos gran parte de lo que existía en ese otro mundo. Ya llevábamos dos años en esa parte de la loma y habíamos empezado a ir a una escuela primaria cercana. Seguíamos juntos, teníamos una mamá que daba la vida por nosotros, y sabíamos que teníamos un papá, aunque no lo habíamos vuelto a ver. Todo estaba bien.

La Gran Colombia era una escuela ubicada en el barrio Alameda. Bajábamos la loma caminando y, ya en la calle principal, tomábamos el bus del transporte público. A mis hermanos mayores, mi mamá les dio las indicaciones de cómo llegar y nos dijo que teníamos que ir de lunes a viernes sin falta, y estudiar mucho, y que si faltábamos a la escuela, íbamos a tener graves problemas con ella. Solo teníamos permiso de bajar a la escuela y subir a la casa. No teníamos permitido desviarnos por ninguna razón. Cada día, mi mamá le daba a Hernán el dinero exacto de los pasajes de ida y de regreso para nosotros, los tres mayores, y a Fabián lo dejaba en la casa. Salíamos temprano para llegar a tiempo y era divertido porque a esa hora bajaban muchos otros niños de Siloé, y la mayoría eran amigos nuestros.

Salíamos por la tarde con mucha hambre, y nuestra escuela estaba ubicada cerca de la galería del mercado donde había una gran cantidad de puestos de venta de comida. Era un real martirio pasar por ahí, pues los olores a frito de las empanadas o de pan recién horneado nos hacían perder el sentido de responsabilidad. Empezamos a gastarnos el dinero del pasaje de regreso: la primera vez, en una empanada para cada uno. El arrepentimiento fue inmediato, pues tuvimos que volver caminando. ¡Nunca imaginamos que nuestra casa quedara tan lejos! Nos tomó más de una hora llegar, y la subida de la loma se nos hizo eterna. Ya no solo teníamos hambre, sino que nuestras piernas estaban adoloridas, así que esa noche prometimos no volver a hacerlo. Por suerte mi mamá no había llegado aún, y Fabián nos guardó el secreto.

Otro día en que estábamos los tres de nuevo con un hambre atroz, rompimos la promesa y decidimos comprar unos deliciosos helados de arroz con leche y colarnos en el bus. Nuestra estrategia era que, como el bus venía lleno, le pediríamos al chofer que nos abriera la puerta de atrás. Ya adentro, nos mezclaríamos entre los demás pasajeros y nunca llegaríamos a pagar.

La táctica nos funcionó unas pocas veces, pues pronto el chofer, quizás identificándonos, empezó a gritarnos y a exigirnos el pago del pasaje. Nosotros estábamos convencidos de que no hacíamos nada malo, pues ni siquiera íbamos cómodamente sentados, siempre nos tocaba ir de pie. Ir ahí apretados como sardinas nos parecía que no merecía nuestro dinero. Nos reíamos, pero también teníamos miedo de que nos bajaran del bus, aunque eso nunca pasó, siempre tuvimos suerte. Como en esa ruta siempre iba gente colgando de las puertas de adelante y de atrás, era fácil escabullirse y nos salíamos con la nuestra.

A veces comprábamos pan, que salía más barato y rendía más, así que quedaba para pagar al menos dos pasajes. Al subirnos al bus, pasábamos los dos menores juntos por la registradora para marcar solo uno. Los choferes de esa época permitían eso, así que viajábamos de regreso más tranquilos. Con el paso del tiempo fuimos haciendo más amigos en la escuela y nos volvíamos todos a pie, en grupo. Eso sí, sin desviarnos. A veces jugábamos rin-rin corre-corre, tocando en las puertas de las casas que había en el camino para después escondernos. Jugando y conversando, el tiempo se nos pasaba rápido y llegábamos a casa contentos, sin sentir el cansancio de las largas distancias recorridas.

Esa dicha y tanta «libertad» nos duraron solo un año, pues cuando invadimos y tuvimos nuestra propia casita, nos cambiamos a una nueva escuela.

La escuela primaria General José María Córdoba estaba ubicada a solo una cuadra de nuestra casa. Siempre íbamos a estudiar juntos, los cuatro. A mi hermanito menor, Fabián, le dio poliomielitis recién nacido, y su pie derecho no funcionaba del todo bien, así que, si él se cansaba mientras caminábamos, nos turnábamos para cargarlo. Él era nuestro niño consentido y le decíamos Cocoliso, porque en casa se arrastraba como el sobrino de Popeye, el de los muñequitos que mostraban en la televisión. Nunca nos molestamos por tener que encargarnos de él cuando mi mamá no estaba presente.

Nuestra nueva escuela era un salón, hecho la mitad de abajo de ladrillo, la mitad de arriba de guadua cruzada, en un lote plano en medio de árboles. Había cinco pupitres largos con sus respectivas bancas, hechas con tablas, donde cabíamos cuatro o cinco niños. Cada banca representaba un grado distinto: la de primero, la de segundo, la de tercero, la de cuarto y la de quinto, así que mis hermanos y yo estudiábamos juntos, pero nos tocaba sentarnos en diferentes lugares, cada uno en el pupitre de su grado.

Había un tablero para todos, donde el único profesor que teníamos iba indicando para qué clase estaba hablando. Al final del día, lo dividía haciendo líneas con tiza para apuntar las tareas de cada curso. Los viernes los dedicaba a educación física y arte, así que ese día lo que hablaba y escribía era para todos los alumnos. A la hora del recreo salíamos a jugar en un gran espacio que era utilizado también como cancha de fútbol. Era la calle, simplemente hasta allá no llegaban los carros, así que la usábamos sin preocupaciones. A un lado de nuestro salón, en la parte de afuera, había un baño para niñas, otro para niños y una pequeña cocinita donde entraba una mamá del barrio a preparar avena, jugo o alguna colada para todos los estudiantes.

Estudiando ahí me hice amiga de una niña llamada Lizbeth, que, aunque tenía la misma edad que yo, era mucho más alta. Su mamá vendía chicles y cigarrillos afuera de los bares. Desde que nos conocimos, nos llevamos bien, y yo vivía fascinada con sus peinados: su mamá le hacía unas trenzas muy bonitas. Yo le decía a Lizbeth que quería peinarme como ella, así que prometió un día llevarme donde su mamá para eso. Ahí empezó una amistad que ha durado toda la vida.

Un año después de estrenar la escuela llegó al barrio —a invadir igual que nosotros y los demás vecinos—, una familia de Urabá. Venían huyendo de la violencia en esa zona, como «desplazados» que llaman. Eran el papá, la mamá y cuatro hijos: dos niñas y dos niños. La niña mayor se llamaba Magali, era blanca, pecosa y hablaba con un acento muy diferente al de nosotros los caleños. Me gustó mucho su modo de ser, y pronto nos hicimos amigas. ¡Era muy generosa! Tanto, que a veces me compartía

—a escondidas— del mercado que traía su papá. Y cuando su mamá hacía arroz y se le pegaba, ella salía con la olla y dos cucharas para juntas raspar y comer el pegado.

Magali, Lizbeth y las matemáticas me hacían feliz en esa época. Disfrutaba jugar con ellas y hacer operaciones en mi cabeza. Las demás materias no me interesaban. Después de aprender a leer y escribir, lo único que quería era sumar, restar, multiplicar y dividir, pues las respuestas me salían bien y naturalmente, sin esforzarme. Eso me encantaba. Nuestro profesor era un señor barrigón, con acento paisa, del norte del Valle. El «profe» Tulio era paciente y amable con todos. Nos miraba por encima de sus gafas redondas, mientras nos decía que para poder crecer teníamos que aprender todo lo que él nos estaba enseñando y que, si no aprendíamos, nos íbamos a quedar chiquitos. Nosotros nos reíamos, porque él era bajito.

Aparte de ser el único profesor, don Tulio era el enfermero del barrio y alrededores. Era más bien un ángel. No sé si alguien le pagaba; ¿quién le iba a pagar? Lo de él era una escuela improvisada, construida con sus propias manos y las de algunas vecinas y vecinos que se ofrecieron a ayudar cuando supieron de qué se trataba aquel salón. Él era una de esas personas que enseñan por amor, porque no creo que recibiera mucho a cambio. Era feliz viendo cómo aprendíamos, crecíamos y cambiábamos de banca. Como sabía que a mí me gustaban las matemáticas, a veces me perdonaba las tareas de otras materias y me dejaba más operaciones para resolver en casa. Eso sí, en cívica se requería excelencia de parte de todos los alumnos, así que de esa materia no me salvaba. Por la mañana siempre cantábamos el himno nacional de la República de Colombia, y por la tarde, antes de terminar la jornada de estudio, cantábamos los himnos de Cali y del Valle del Cauca. Para ningún niño fue difícil aprendérselos, ya que, aparte de tanto repetir, nuestro querido maestro nos infundió amor y respeto por nuestra patria. Él sonreía orgulloso al escucharnos cantando y movía los brazos como un músico dirigiendo su coro.

Una vez, mis hermanos y yo fuimos a su casa y vimos que estaba «cocinando» una jeringa. En esa época y en ese ambiente en el que vivíamos, no se oía hablar de enfermedades contagiosas ni nada parecido, así que nuestro profesor, en su papel de enfermero, hervía en una olla su única jeringa y sus pocas agujas para mantenerlas desinfectadas y atender a sus próximos pacientes. No cobraba por aplicar inyecciones, la forma de pagarle era con algún favor, pues, en ese barrio, lo que menos había era dinero.

Tanto era su afán de educar, que aprovechó sus conocimientos de enfermería para dar clases de primeros auxilios por la noche, siempre en la escuela. Solo teníamos que poner cuidado, nada de escribir ni de presentar exámenes, él pedía que estuviéramos atentos a sus instrucciones sobre cómo actuar en casos de emergencia. Disfruté muchísimo esos días en los que fui a aprender de la mano de mi mamá. Me parecía raro y divertido. El curso era para adultos, pero él permitía que los niños entráramos a observar y nos trataba como si fuéramos alumnos de su escuela nocturna. Fuimos muchos los que aprendimos con él, y gratis, como todo lo que hacía nuestro profesor. Tal vez su paga era la satisfacción que se le veía en el rostro cada vez que alguien completaba alguno de sus cursos.

Por muchos años nuestro barrio en Siloé se benefició de este gran señor. Hasta que las cosas dejaron de ser buenas para él. Decían que tenía graves problemas familiares, y su dedicación a la escuela decayó y fue refugiándose cada vez más en el alcohol. Comenzó a correr el rumor de que andaba borracho.

Una noche, después de haber tomado abundante licor, se subió a una escalera para hacer un arreglo en su casa, apoyó un pie en falso, cayó, y el golpe que se dio en la cabeza contra el piso resultó fatal. A todos en el barrio nos dolió perderlo y lo extrañamos muchísimo.

❋ ❋ ❋

Un buen día, supimos que tendríamos una casa de ladrillo. La primera vez que escuché el cuento del lobo y los tres cerditos, entendí lo que ellos sentían al ir cambiando de casa. Ya habíamos vivido en una casita de tablas y plástico que se fue transformando en una de esterilla y guadua, y estábamos a punto de tener otra de ladrillo, allí, en el mismo lugar. A esta última ya no la podrían tumbar ni el viento ni los soldados.

Pero como muchas cosas que me han pasado en la vida, esa alegría vino acompañada de tristeza.

Mi mamá era empleada doméstica por día, así que durante la semana trabajaba cada día en una casa distinta. Una patrona la recomendaba con otra, y así fue como conoció a doña Miriam y a su familia, conformada por ella, su esposo, su hija y su hijo.

Era una mujer amable y curiosa, que inmediatamente quiso saber todo sobre su nueva empleada, llenándola de preguntas.

Al escuchar cómo vivíamos, la señora se encariñó con mi mamá y pronto quiso que se quedara trabajando solo para ella. Además, le pidió que nos llevara a su casa, pues quería vernos. Recuerdo la mañana en que nos bañamos temprano para ir a conocerla. Era una mujer de unos treinta y cinco años, blanca, de cabello y ojos claros. Nos recibió en su casa de dos pisos, que para nosotros era una mansión. Enseguida nos sirvió desayuno y, mientras lo tomábamos, le pidió permiso a mi mamá para llevarnos a comprar ropa. Así que mientras mi mamá limpiaba la casa, nos dejó ir con ella en bus hasta un centro comercial. Cuando entramos en el primer almacén, doña Miriam nos ayudó a escoger. A mis hermanos les compró camisetas y pantalones, y a mí, vestidos. Después fuimos por zapatos. Nosotros nos mirábamos sin poder creer que nos estuviera pasando eso. ¡Nunca habíamos salido de compras! Es más, casi no conocíamos Cali, pues aparte de la escuela en el barrio Alameda a la que fuimos por un tiempo, solo bajábamos de la loma para ir al barrio donde vivía nuestra abuelita. Desde que nos conoció, doña Miriam nos trató como si fuéramos sus sobrinos. Ese día, al despedirnos, mientras le agradecíamos por todo lo que nos había regalado, nos dijo que podíamos volver a su casa cualquier día, para almorzar y ver televisión. A mi mamá le daba pena, pero ante la insistencia de su patrona, nos llevó dos veces más. Ella se empeñó en ayudarnos y ofreció pagarnos colegios privados. Empezó matriculándome a mí en el colegio El Amparo, que era solo para niñas.

En una de nuestras visitas, nos quedamos hasta el final de la tarde, y fue entonces cuando conocimos a su esposo y a sus hijos. Los niños —un poco mayores que nosotros— eran rubios, amables y bondadosos como su madre. El esposo le preguntó a mi mamá si algún día podrían visitarnos y pronto se pusieron de acuerdo para encontrarse en un punto de Siloé y subir juntos a nuestra casa. Cuando doña Miriam y su esposo llegaron, nos saludaron con cariño y nos entregaron una bolsa con mercado y otra con juguetes nuevos. Observaron por dentro y por fuera, hicieron muchas preguntas, y se fueron prometiendo volver.

La siguiente vez que mi mamá fue a trabajar, le ofrecieron comprar los materiales y pagar a un par de obreros para hacernos una vivienda más grande y más firme. Pronto empezaría la construcción de nuestra casa de ladrillo allí, en el mismo terreno donde vivíamos.

Ya estábamos mayorcitos, entre los seis y los nueve años, así que todos pudimos ayudar. Pusimos ladrillos formando un gran rectángulo, pegándolos entre sí con cemento gris según instrucciones de los obreros, quienes aceptaban divertidos nuestra colaboración. En la parte frontal se veían dos espacios donde irían una ventana y la puerta. Nosotros, los cuatro hermanitos, nos parábamos a mirar con mucha ilusión cómo se iba formando nuestra nueva casa.

Los obreros trabajaron una semana, desde muy temprano en la mañana, hasta el final de la tarde, desde el lunes hasta el viernes. Pasó el fin de semana, llegó el lunes y no aparecieron para continuar con su labor. Como de costumbre, mi mamá bajó a casa de sus patrones, pero regresó más temprano que otros días.

Traía una noticia que nos entristeció a todos: doña Miriam, su esposo y sus hijos, junto con la niñera, se habían accidentado el fin de semana. Mientras viajaban en su carro hacia Manizales, a la altura del municipio de Zarzal, fueron embestidos por una tractomula. Solo sobrevivió el niño, que milagrosamente había quedado debajo de un asiento. Yo no quería creer que eso fuera verdad. Preferí pensar que se habían ido a vivir muy lejos, sin despedirse. Eran personas buenas, ¿cómo podía haberles pasado algo así? Era difícil imaginármelos muertos, no era capaz y no quería. Aquello me dolió porque, aparte del apoyo económico que nos habían brindado, había empezado a creer que nos daban una especie de cariño-protección, y sentía que nos guardarían la espalda por siempre. Y de cierto modo lo han hecho, como la casa misma, pero desde otro lugar y de formas que no puedo explicar. A Juan Sebastián, el niño que sobrevivió, siempre le he enviado bendiciones. Le deseo todo lo bueno que la vida puede dar.

Sin su querida patrona, mi mamá tuvo que volver a trabajar como empleada doméstica por día, y yo no alcancé a asistir al colegio El Amparo.

Con materiales que empezó a comprar poco a poco mi mamá —nosotros sacamos las moneditas de la guadua-alcancía para colaborarle—, terminamos la casa. En ese tiempo, mi papá empezó a visitarnos más seguido, para ayudarnos con la obra. Tardamos muchos meses, que nos parecieron eternos, pero la esperanza de vivir en una casa más grande y más fuerte nos mantenía animados, pese a la tristeza que aún nos provocaba ese hecho absurdo que había interrumpido temporalmente los avances.

Por dentro comenzamos con la cocina, haciendo un mesón de cemento sobre ladrillos. Luego, en el patio de la casa, en la parte de atrás, hicimos el lavadero de la misma manera, dejando un hueco para la salida del agua. Dentro de la casa construimos un cuarto y luego otro. El piso seguía siendo la tierra, pues mi mamá no quería gastar más dinero del necesario y las baldosas eran costosas. Cuando terminamos la construcción básica, mi papá de vez en cuando traía cemento, y con cada bulto empezamos a rellenar —o mejor, a remendar— las paredes donde habían quedado huecos.

Eso de construir fue una aventura para nosotros y estábamos contentos de haber hecho nuestra vivienda, ¡y a nuestro gusto! Cuando al final la vimos, ya con el techo de zinc, estábamos maravillados de tener una casa tan bonita. Por dentro la fuimos pintando de blanco, con el tarro de pintura semanal que mi mamá empezó a traer, y a pesar de que se le notaban los ladrillos y el cemento, nos sentimos orgullosos de nuestro trabajo. Hogar dulce hogar. Como esta casa se construyó en el mismo sitio donde teníamos la anterior, íbamos sacando las partes de la vieja y las dejábamos afuera, donde no duraban más de un día. Se las llevaban otras familias que estaban llegando a vivir, es decir a invadir, en el barrio.

No había energía, de modo que usábamos una lámpara hecha con un frasco grande de mayonesa lleno de petróleo, con una mecha de trapo, y la prendíamos por la noche, tal como hacíamos en el ranchito. Siempre la poníamos en el piso, cuidando que no hubiera nada cerca que se pudiera quemar. Mi mamá nos decía que no debíamos colgarla. Le daba miedo que pudiera provocar un incendio. Esa era la luz que iluminaba la casa.

En la cocina teníamos la estufa de petróleo para cocinar. Lo que más preparaba mi mamá eran fríjoles, arroz y agua de panela. También café o chocolate, y cuando podía, nos compraba proteína: fritaba gordana, que son los gordos de la carne, y de ahí salían chicharrones. Y la manteca que quedaba en la olla la guardaba para echarle al arroz. Éramos pobres y nos hacían falta muchas cosas, pero nunca nos faltó la comida, gracias a Dios y gracias a mi mamá, que tenía como prioridad alimentarnos.

En la parte de atrás de la casa mi mamá construyó un tanque para recoger agua, así que, en días lluviosos había suficiente para cocinar y para bañarnos. Nunca se llenó el tanque, por suerte, porque también sirvió para escondernos cuando había balaceras en el barrio. Si mi mamá estaba en la casa, nos daba la orden de meternos allí, le ponía una tapa de lámina de metal y no podíamos salir hasta que ella nos llamara. Si ella estaba en la ciudad trabajando, nosotros ya sabíamos qué teníamos que hacer, y corríamos a escondernos hasta que ya no escucháramos más disparos o gritos. Lo hacíamos de manera automática y siempre funcionó.

Si pasaba mucho tiempo sin llover, el tanque permanecía vacío, así que mi mamá cada día, con tal de enviarnos bañaditos a la escuela, madrugaba para traer cuatro o cinco baldes de agua de un río cercano, haciendo igual número de viajes. Allí iban también los demás vecinos, hasta que, cansados de ese trajín, se pusieron a hacer canaletas para traer el agua desde el río hasta las casas. Además, los domingos, conectando mangueras, hacían que el agua bajara y aprovechábamos para llenar baldes y almacenar. Un día fuimos al río con mi mamá y descubrimos que había pececitos. Escondidos de ella pescamos algunos, los pusimos en una bolsa plástica y los vaciamos en nuestro depósito de agua con la esperanza de verlos crecer, pero eso no sucedió; no sobrevivieron. Luego de un buen regaño y de sacar los animalitos muertos, supimos que no eran pececitos sino renacuajos.

El día que más tiempo duramos escondidos en aquel tanque fue cuando el Ejército tomó Siloé buscando integrantes del M-19. Ese grupo guerrillero había ganado muchísimos adeptos, especialmente hombres, en los barrios pobres como los de Siloé, pues decían que luchaban contra el gobierno y repartían fusiles a todo el que quisiera y estuviera dispuesto a entrenar con ellos. Ninguno entraba obligado, todos iban voluntariamente. En esa época, el Ejército y sus soldados rara vez subían a la loma, por eso se dejaron coger ventaja de la guerrilla.

Menos mal, mis hermanos y yo estábamos chiquitos para eso, porque, aunque creo que no nos habrían convencido fácilmente de sumarnos a sus filas, podríamos habernos sentido tentados, como pasó con algunos vecinos y amigos, que se metieron a ese o a otros grupos guerrilleros y nunca volvieron, tal vez porque se sentían a gusto, tal vez porque murieron, o porque no les permitieron regresar. Supimos que participaban en ajusticiamientos y demás actos violentos, historias que escuché y aún ahora me da miedo recordar.

El Ejército estuvo en Siloé haciendo mucho ruido. Asustó, arrestó y disparó por un día entero en la comunidad. Dicen que entraban a las casas y tiraban todo al piso, buscando armas y propaganda del grupo subversivo. Mis hermanos y yo permanecimos bien escondidos en el tanque, hasta que llegó mi mamá y bajamos a toda carrera la loma para irnos al barrio Mariano Ramos, donde vivía mi abuelita. Luego los vecinos, periódicos y noticieros se encargaron de contarnos todo en detalle y le dimos gracias a Dios de que nuestra casa permaneciera intacta.

Así lo describió la revista *Semana*, en un artículo del 6 de enero de 1986:

Lo cierto, para los habitantes de Siloé, fue que se vivió una verdadera batalla campal. Y no puede haber sido de otra forma si se juzga por el tiempo que duró la balacera (de las 4 a.m. a las 10 p.m.) y por el estado en que quedaron sus ranchos. Difícilmente se puede encontrar una puerta que no esté rota ni una pared (la mayoría de bareque) que no presente un buen número de agujeros. La cifra de muertos y heridos no se ha podido establecer a cabalidad. Aunque oficialmente se ha dado un número de 17 muertos y 40 heridos, algunos pobladores de la región hablan de medio centenar de muertos y por lo menos cien heridos. Otros hablaron de la existencia de un arrume de cadáveres en el sector de la escuela de Guayas, pero no pudo ser confirmado por el reportero, debido a que hasta allá no era permitido el paso.

Nos dimos cuenta de que ya no éramos chiquitos el día en que empezó una balacera en el barrio y, como siempre, fuimos corriendo a escondernos en el tanque, pero al ver que se metió el primero, luego el segundo y el tercero ya no cupo, ¡nos dio un ataque de risa! Ya no cabíamos los cuatro. Riéndonos y con miedo, nos encerramos en la casa a esperar a que llegara nuestra mamá.

❊ ❊ ❊

Recuerdo a varios vecinos, unos que habían llegado a la loma antes que nosotros, otros que llegaron después, gente buena, de esas personas que a una le da nostalgia y cariño recordar, porque Siloé no solo es pobreza y sufrimiento, allá también hay quienes están dispuestos a ayudar desinteresadamente.

Don Rafa era un indígena del Cauca, flaco, bajito y gruñón. Siempre llevaba una gorrita café, seguramente escondiendo su calvicie. Vivía a dos casas hacia la derecha de la nuestra, junto con Casilda, una burra que más bien parecía un camión de carga. Bajaban todos los días como a las siete de la mañana —hora en que nosotros caminábamos hacia la escuela—, ella con su lomo vacío, y regresaban al final de la tarde o por la noche, ella cargada de mercados y de toda clase de materiales de construcción. Ese era su negocio: el transporte. En los distintos barrios entregaba a cada quien lo suyo y recibía su pago. Un par de veces, don Rafa trajo entre su mercancía libros y revistas para niños; se había tomado el trabajo de subirlas para nosotros. Sin dejar de fruncir el ceño, tocó a nuestra puerta y nos entregó lo que traía. Hay gente que da con total desinterés, también en Siloé.

A nuestra izquierda vivía don Gerardo, en una pequeña casa de ladrillo. Su cara siempre estaba roja, como insolada, y sus manos estaban repletas de callos. No sé en qué trabajaba, tal vez en construcción o en algún otro oficio expuesto constantemente al sol. Entraba y salía sin saludar, y casi sin hacer ruido. Hubo una época en que se veían dos hombres merodeando por Siloé, cuando yo tenía unos nueve años. Como mi mamá salía a trabajar y nosotros nos quedábamos solos, yo aprovechaba para callejear. Me gustaba estar afuera, aunque no muy lejos de la casa. Un día vi que los dos extraños venían caminando directo hacia mí y, a pesar de mi corta edad, pude oler el peligro. Miré para los lados y vi que justo estaba pasando por allí don Gerardo. De un brinco me acerqué a él y le agarré una mano. Él inmediatamente se dio cuenta de lo que pasaba y, tomando un papel protector y autoritario, casi arrastrándome, dijo «Vamos a la casa, no quiero que estés aquí sola». En ese momento, los tipos se alejaron y no los volvimos a ver.

Todos vivíamos en casitas de invasión. Cada una era diferente de la otra, según los materiales y el talento de sus habitantes para construir.

Un poco más abajo, al frente de nuestra casa, vivían «los ricos» del barrio: doña Paty, su esposo y sus cinco hijos, un poco menores que nosotros, tres hombres y dos mujeres. Pero toda suerte es la de hoy y la de mañana, nadie sabe.

Doña Paty era gordita y bajita, pero como éramos niños, la veíamos grande. Tenía un tono de voz fuerte y a la vez amable, combinación perfecta para los negocios que manejaba. Al esposo casi nunca lo veíamos, así que la imagen que tengo de él es más bien borrosa; solo recuerdo que era alto y flaco. Los dos habían sido *hippies* viajeros en su juventud, y cambiaron su estilo de vida de mochileros cuando doña Paty quedó embarazada por primera vez.

Su casa era grande, hecha con una combinación de esterilla, ladrillo y bahareque. Al principio era la única del barrio que contaba con agua. En la parte de adelante tenían un corral hecho con latas de zinc pintadas de color vinotinto, que servía como establo para una docena de cabras (de colores crema y café), y a un lado, un cajón negro gigante para realizar peleas de gallos. Esos eran los dos negocios que manejaba nuestra vecina: en el día vendía leche de cabra, llenando las botellas que traían sus clientes, y por la noche, atendía apuestas.

El esposo pasaba mucho tiempo fuera y doña Paty atendía sola a sus cinco hijos, a las cabras y la gallera. Las peleas de gallos eran un espectáculo fuerte, así que ella, valientemente, cada fin de semana reunía a los dueños de las aves y a los apostadores. Mi mamá no nos dejaba ir a ver, porque decía que ese lugar estaba lleno de viejos verdes y borrachos, así que yo, como mujer, corría peligro y mis hermanos, como hombres, peor, porque seguirían el mal ejemplo. Sabíamos que para ver la pelea de gallos era necesario pagar entrada, a excepción de los dueños de los animales. Allí el público se reunía y apostaba por dos aves que peleaban hasta la muerte. Había reglas y tiempo de combate que, si alguno de los dueños de los gallos incumplía, el espectáculo podía terminar en balacera. Por eso me parecía valiente doña Paty.

A veces, mis hermanos y yo caminábamos por ahí y nos asomábamos en las casas vecinas que tuvieran radio o televisión. Algunas vecinas nos echaban o cerraban las puertas y ventanas al notar nuestra presencia. Doña Paty no. Cuando estaban presentando algún programa infantil, nos llamaba para que fuéramos a verlo en su casa, y mientras estábamos ahí, se ponía a picar cebolla y tomate, los echaba en una paila, los revolvía con arroz, y nos servía a nosotros y a sus hijos, en platos plásticos de colores. Otras veces solo nos daba leche de cabra o agua de panela. Cualquier alimento que nos brindara, lo recibíamos felices. Ahora de adulta, cuando como arroz que no haya preparado yo, se me viene a la mente el recuerdo de esa señora generosa, dando de comer a cuatro niños ajenos. Con ella también nos sentíamos protegidos. Recuerdo que, ya entrada la noche, mientras llegaba mi mamá, veíamos la novela mexicana *Los ricos también lloran* sentaditos en el piso alrededor de la televisión en su casa. Mi mamá sabía que ella nos cuidaba. Doña Paty y mi mamá eran de esas mujeres que tienen un acuerdo no escrito de una velar por los hijos de la otra. Y eso continuó siendo así, incluso cuando las cosas cambiaron de un modo imprevisto.

Una tarde de domingo, el esposo de doña Paty murió jugando parqués afuera de un pequeño bar, cuando fueron a matar a otro y a él lo alcanzó una bala que rebotó en una pared para luego entrar en su cabeza.

Para doña Paty fue un golpe muy duro, no solo por la muerte en sí, sino porque inmediatamente después del funeral llegó su suegro para informarle que las cabras, la casa y la gallera eran de él, y puso todo en venta. No le importaron su nuera ni sus nietos. En menos de un mes, doña Paty se quedó en la calle, viuda, con cinco niños que mantener. Después de haber sido la rica del barrio, de vivir tranquila, de salir temprano por las mañanas para llevar sus cabras a pastar, le tocó ver cómo le quitaban cada uno de sus animales, como partían en tres su casa y la ocupaban tres familias desconocidas. Lo único que pudo hacer fue invadir por ahí cerca, con un par de catres y materiales que logró sacar del establo, y para dar de comer a sus hijos tuvo que dedicarse a trabajar como empleada de servicio.

Crecí viendo cómo mujeres como mi mamá o doña Paty, quienes eran cabeza de familia, luchaban por su supervivencia y la de las personas que tenían a su cargo. Cuando trabajaban por día, lo que más anhelaban era el momento de recibir el pago, ese dinero con el que irían directo a una tienda de barrio a comprar en porciones pequeñas, la comida de veinticuatro horas para su hogar. Cada día mi mamá compraba una libra de arroz, una libra de frijoles, una panela y unas cuantas barras de chocolate, para darnos de comer esa noche, al desayuno y al almuerzo del siguiente día. O sea que, en un día, ya habíamos consumido todo el mercado. Los hijos de empleadas de servicio siempre esperábamos a que llegara la mamá con el alimento al final de la tarde. Recuerdo a una vecina que se llamaba Rosa, madre soltera con dos niños, que tenía mala suerte con sus patronas. Muchas veces llegaba llorando a su casa porque no le habían pagado su jornada de trabajo. Mi mamá le daba panela, arroz o algo que viera que podía compartirle para sus hijos, sin quitarnos a nosotros.

En ese tiempo, para mí no tenían rostro, pero las imaginaba distintas. Solo de grande llegaría a conocer a esas señoras de estrato seis que, fingiendo mucho cariño y confianza hacia «su muchacha», con sus miserables tres palabras —«Mañana le pago»—, obligan a una madre y a sus hijos a acostarse con hambre y a la mañana siguiente a ir a la escuela y a trabajar con la barriga vacía.

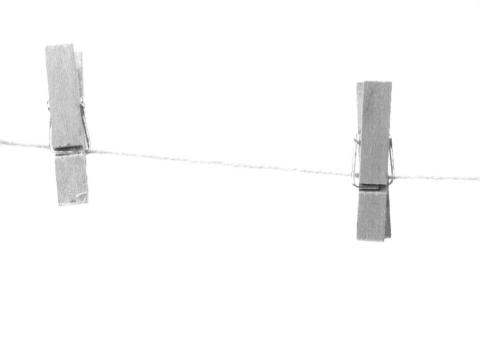

Nuestro barrio estaba cada vez más poblado, y los líderes comunitarios, incluida mi mamá, lograron conseguir que el servicio de electricidad llegara hasta allí, así que pasamos a clasificar como estrato uno. Contar con energía eléctrica en la noche nos hizo sentir alegres y seguros. Aunque estábamos acostumbrados a la oscuridad y habíamos desarrollado un sexto sentido que nos permitía saber por dónde movernos y por dónde no, tener iluminación nocturna nos alargó los días y podíamos quedarnos afuera hasta más tarde, ya no solo hasta las seis o las siete, como antes. Con un bombillo en la cocina y otro en un cuarto era suficiente para aclarar toda la casa, y dejamos de sufrir porque no teníamos velas o porque se iba a acabar el petróleo de nuestra lámpara hecha con el frasco de mayonesa.

Al poco tiempo de estar disfrutando de «la luz», cierto acontecimiento hizo que llegara también el acueducto a la zona. Y sentimos que por fin habíamos dejado de ser invisibles.

Una noche sentimos una fuerte sacudida. Cuando temblaba, todos salíamos a la calle y esperábamos a que pasara un rato, por si venían réplicas. Afuera nos encontrábamos con los vecinos, cada uno comentaba «su susto», y poco a poco íbamos regresando a nuestros hogares, conforme sentíamos que el peligro ya había pasado. Y esa vez hicimos lo mismo.

A la mañana siguiente de aquel temblor, oímos una gritería, y en el instante en que salimos a ver de qué se trataba, vimos soldados, bomberos y gente de la Cruz Roja sacando a las personas que se había tragado la tierra con todo y sus casas. Era un hueco enorme, apenas a unos cien metros de nuestra casa. Mi mamá nos decía que habíamos tenido mucha suerte, pues nuestra casa estaba intacta. A todos los afectados se los llevaron y les proporcionaron atención médica. Hasta ese momento seguíamos pensando que éramos «de buenas». Las familias fueron reubicadas en otro barrio, cada una en una vivienda con papeles y todo. Cuando supimos eso, dijimos «¡Tan de malas que la tierra no se abrió por nuestra casa!».

Los estragos del temblor sirvieron para que las empresas municipales y la alcaldía conocieran el estado en que vivíamos en esa parte de la loma, y al cabo de unos meses, contábamos con acueducto. Ya no había que cargar agua o bajarla del río con manguera. ¡Ya podíamos bañarnos con chorro!

Una vez hubo una celebración en Siloé y vimos subir una fila de camiones, entre ellos uno de Coca-Cola. Cuando terminó el evento, empezaron a bajar. El de Coca-Cola pasó por nuestra calle, y como tanto las casas como el tendido eléctrico eran bajitos, el vehículo se enredó y arrancó los cables, dejando sin electricidad a una parte del barrio. Mi mamá y los otros vecinos no supieron cómo poner la queja en esa compañía, así que fueron a una oficina de servicios municipales y lograron que volvieran a instalar el tendido eléctrico pronto y a bajo costo, pues era un trabajo en un barrio de estrato uno. Las visitas de mi papá eran cada vez más espaciadas. Tal vez al ver que éramos cuatro niños creciendo con una cantidad de necesidades que no estaba dispuesto a atender, decidió dejar que lo hiciéramos sin él. Así como iba pasando el tiempo y progresábamos poco a poco sin su ayuda, cada vez lo necesitábamos menos en nuestras vidas. Como ya contábamos con electricidad en nuestra casa, un día llegó con un televisor pequeño, ¡nuestro primer televisor! Era uno de esos con tubos en la parte de atrás y con antena. Lo dejó instalado y se despidió diciendo que se iba a vivir en un pueblo cercano. El aparato nos causó mucha emoción; su despedida, no. De alguna manera sirvió que él hubiera estado presente en nuestros primeros años de vida en un barrio con tantas carencias y problemas.

✽ ✽ ✽

Como mi mamá quería que siempre estuviéramos ocupados, cuando yo tenía unos diez años empezó a llevarnos a misa los domingos en una iglesia católica cercana. No trabajaba ese día, así que los cuatro íbamos con ella. En el camino compraba dos «solteritas», que eran unas galletas grandes de arroz crocante, típicas de Cali, con crema dulce por encima. Las partía en dos y cada uno de sus hijos se comía una mitad.

Uno de esos domingos vimos una fila de niños y niñas, y mi mamá nos explicó que estaban listos para comulgar por primera vez. A nosotros nos pareció buena idea hacer la primera comunión para estar más cerca de Dios, así que le pedimos a mi mamá que nos inscribiera en las clases gratuitas de catecismo por un año, todos los domingos, durante una hora después de misa.

Cuando se acercaba el día en que recibiríamos a Jesús en la hostia, la monja que dirigía el catecismo nos informó el código de vestir: los niños debían ir con pantalón oscuro y camisa clara, y las niñas, con vestido blanco. Mi mamá le dijo que yo no tenía un vestido de ese color y que ella no tenía dinero para comprarme uno. La monja le respondió que lo sentía mucho, pero sin vestido blanco no podía hacer la primera comunión. «¡Pues no la hago!», le dije a mi mamá. Me sentía desilusionada, porque había soñado por mucho tiempo con ese día mágico. Mi mamá trató de tranquilizarme: convencería a la monja de que me dejara ir con ropa de otro color. Me opuse: de ninguna manera iría si no era de la forma requerida en la iglesia. Pobrecita mi mamá, que bastante tenía con sus obligaciones de madre soltera y tuvo que aguantar mis rabietas por un vestido. Ella, con su cara seria, me decía que vería qué se podía hacer y yo le insistía en que, si no seguíamos las reglas de la monja, no contara conmigo. Me pidió que siguiera yendo al catecismo con mis hermanos, pero yo no quería. Estuve en huelga durante dos semanas, hasta el día en que llegó una tía, hermana de mi mamá, a tomarme las medidas, diciéndome que ella se encargaría del asunto.

Con la promesa de mi tía regresé a las clases y tomé el examen sin fallar una sola pregunta. Cuando llegó el momento de confesarme, inventé pecados, pues tenía que pedir perdón y no encontraba qué decir. Recibí la absolución de parte del sacerdote por desobediente y por buscar pelea con mis hermanos —aunque no fuera cierto—, faltas que, como digo, inventé para que dejara de preguntarme cuáles eran mis pecados. Después de la confesión, ya estaba lista para recibir a Jesús, igual que los demás niños y niñas.

Días después, nos visitó la hermana de mi mamá. Había ajustado su vestido de matrimonio a mi medida, y podría decir que fui la niña más bonita el día de la primera comunión. Éramos cerca de cuarenta, entre niñas y niños, y yo parecía una princesa, llena de encajes y boleros. Qué regalo tan grande el de mi tía, qué regalo tan grande el de mi mamá, mujeres guerreras quitando obstáculos para darle gusto a una niñita de diez años. Siempre fui de carácter fuerte, pero nunca mala; a lo mejor por eso se esforzaron en ayudarme. Todos los valores que yo aprendía de mi mamá, con su ejemplo y por sus palabras, dieron frutos, pues supe agradecerles a ella y a mi tía más adelante en la vida.

Después de ese día, vestida de blanco y muy devota, recibiendo la primera comunión, nunca más quise volver a misa. Preferí llevar directamente mis cuentas con Dios.

En Siloé, la pobreza era el problema más común, pero había hogares donde, aparte, se vivían situaciones horribles. Recuerdo que después de mi primera comunión llegó a invadir una familia compuesta por el papá, la mamá y dos niñas más o menos de mi edad. No había pasado ni una semana desde que se establecieron allí, cuando supe que una noche habían llegado a casa de mi amiga Magali la mamá y las dos hijas llorando, pidiendo que les dieran posada, pues el papá había tratado de abusar sexualmente de las pequeñas. Se escondieron allí un par de días, y luego se fueron de Siloé, mientras que el malvado se quedó en su casa.

Magali y yo coincidíamos en que no nos gustaba cómo nos miraba y nos saludaba ese viejo, siempre con una sonrisa fuera de lo común, como saboreándose, cada vez que nos veía. Tratábamos de evitarlo, pues nos daba miedo encontrárnoslo de frente. No entendíamos cómo un papá querría hacer daño a sus hijas y nos parecía el peor demonio que habíamos visto en nuestra corta existencia.

Un día estaba yo bañándome, y como el baño no tenía techo, me pareció notar algo moviéndose allá arriba, entre los techos de las casas que alcanzaban a verse. Me tapé con la toalla para observar bien, cuando descubrí al tipo ese asomándose desde el techo de su casa. Empecé a gritarle —no con miedo, con rabia— y a insultarlo. Le dije todas las groserías posibles, y lo amenacé con decirles a mi papá y a mis tíos. Por supuesto no había ni papá ni tíos alrededor, pero cualquier amenaza me pareció válida en ese momento. El tipo se escabulló y yo salí del baño hecha una fiera, pensando en cómo tapar el techo para que nunca más volviera a pasarme eso.

Por un tiempo dejamos de ver a ese hombre, pero, para nuestra sorpresa, unos años después encontramos a la familia otra vez reunida. Nunca comprendimos cómo era posible que las tres mujeres hubieran regresado a vivir con ese pervertido.

❖ ❖ ❖

Aunque yo todavía era una niña, no me gustaba ver a los niños pequeños del barrio llenos de mugre, así que los traía a la parte de atrás de mi casa y ahí, al lado del tanque, los bañaba y les sacaba los piojos. Mientras les echaba agua, les decía que se fueran restregando y ellos obedecían mientras los demás esperaban su turno. Sus mamás los dejaban solitos el día entero. Igual que el dinero, los papás eran escasos en Siloé. Nadie los llevaba al colegio, nadie los cuidaba. Eran niños que simplemente habían llegado al mundo e iban creciendo con lo poco que la vida les daba.

Nosotros también estábamos solos durante el día, mientras mi mamá trabajaba, pero ella nos dejaba comida e instrucciones y órdenes que debíamos cumplir, así que nuestra casa siempre estaba organizada, nosotros siempre limpios y las tareas hechas cuando ella regresaba al final de cada jornada.

Cuando terminaba de bañar a los niñitos, les decía que no se fueran solitos a su casa, que se quedaran con nosotros mientras llegaban sus mamás a sus casas. Me gustaba protegerlos y aprovechaba para enseñarles las letras y los números. Buscaba algún papel de propaganda o algún periódico que hubiera por ahí y les decía a los niñitos cuál era la *a* y los ponía a identificar esa vocal en el papel. Ellos, divertidos, señalaban con sus deditos mientras yo les decía que lo estaban haciendo muy bien. En la siguiente oportunidad, les enseñaba la *e* y hacíamos lo mismo que la vez anterior. A veces pasaba días sin verlos, así que cuando volvían, repasábamos las letras que ya habíamos estudiado antes. Poco a poco fueron aprendiendo a identificar vocales y consonantes, cada una con su sonido. Luego pasé a enseñarles cómo sonaban cuando juntaban dos. Esto lo hice con cerca de diez vecinitos a quienes terminé viendo como sobrinos, y ellos a mí, como a una tía. Algunos se convirtieron en pandilleros y ya de adulta, cuando subía a la loma y me los encontraba, les pedía permiso para ir hasta la zona que controlaban. Ellos me daban su consentimiento y yo iba con la confianza de que estaban cuidando mi espalda.

Cuando terminamos la escuela primaria, mi mamá nos matriculó en el colegio Eustaquio Palacios, donde ella quería que continuáramos hasta sacar el diploma de bachillerato. Igual que en la primaria, teníamos la orden de bajar a estudiar y luego subir a la casa, sin desviarnos del camino. Y así lo hacíamos. Me gustaban dos cosas de la escuela: los números y cuando sonaba la campana para salir al recreo o volver a la casa. Siempre sacaba buenas notas si la materia tenía operaciones aritméticas; las demás, las pasaba arrastrada. No porque no entendiera, sino porque no me gustaban, no les ponía atención y menos las estudiaba. Eso sí, nunca perdí un año. A mis hermanos sí les iba bien en todo, eran más dedicados que yo, especialmente Hernán. En el Eustaquio Palacios estudié hasta empezar octavo grado.

A nuestro barrio llegaban constantemente nuevas familias y, mientras crecíamos, íbamos haciendo nuevos amigos. Entre mis doce y mis quince años, casi siempre pasaba el tiempo con hombres, entre ellos mis tres hermanos, pues me llevaba mejor con ellos que con las mujeres. Las niñas de mi edad se habían vuelto coquetas y vanidosas, y a mí no me interesaba mucho eso, prefería brincar y callejear. Hasta fui parte de un grupo al que bautizamos como «Los cuatro mosqueteros», conformado por cuatro hombres y yo. Éramos cinco, pero nos gustaba que el grupo se llamara así, y jugábamos a que éramos famosos e importantes.

Dentro del grupo, cada uno tenía su apodo: Panadero, Pancito, Calavera, Coya, y yo, Fosforito.

El papá de Panadero tenía una panadería y él llegaba con sus bolsillos llenos de pan para compartir con nosotros; Pancito era rubio y pequeñito; Calavera, flaco y feo; Coya se quedó con su apellido; y yo era Fosforito, por flaca y brava. Siempre estábamos juntos, para ir a la escuela, para jugar fútbol, para regresar a casa, para hacer tareas y para hacer mandados. Nos prestábamos y compartíamos todo, y entre nosotros escogíamos con quiénes juntarnos y con quiénes no. Ahora de adultos, los cuatro mosqueteros seguimos siendo amigos, y siempre es grato encontrarme de vez en cuando con uno de ellos en alguna calle de Cali. Nuestros lazos han perdurado, nuestro pasado nos une y tratamos de estar ahí para apoyar a los otros cuando lo necesitan. Uno de ellos vive en Chile y otro en España, y a veces se ponen de acuerdo para venir a visitarnos. Cuando nos reunimos nos ponemos a recordar y siempre terminamos dando gracias a Dios de que estamos vivos.

Mis amigos mosqueteros y mis hermanos me hicieron la fiesta más linda que he tenido en la vida.

Mi mamá no podía comprarnos regalos ni ropa, a ella le importaba alimentarnos y educarnos bien, porque era lo único que podía darnos, así que no celebrábamos cumpleaños, ni Navidad ni nada. Y era mejor así, para no ponernos tristes. De todos modos, cada uno sabía cuándo cumplía años y lo hacía público para que los demás lo felicitaran. El día que cumplí catorce años fui a la escuela y, cosa rara, mis amigos mosqueteros se desaparecieron a la hora de la salida y tampoco vi por ahí a mis hermanos, así que tuve que devolverme sola. Iba refunfuñando, justo el día de mi cumpleaños no tenía compañía para regresar a casa.

Al abrir la puerta me llevé una gran sorpresa: estaban allí mis amigos del alma y mis hermanos esperándome. También habían invitado a la «fiesta» a mi amiga Magali. Me cantaron *Happy birthday* en inglés y en español, como hacemos en Colombia, y me dieron un regalo con un moño rojo, algo que siempre había deseado: un tarro de leche en polvo, el tarro amarillo de leche Klim. ¡Qué delicia! Siempre había querido sentarme a comer leche Klim con una cuchara, y esos muchachos lindos reunieron dinero para cumplir mi deseo. Nunca se me va a olvidar. Nunca los voy a olvidar.

Pusimos música en el radio que trajo uno de ellos, bailamos, cantamos y comimos pan, salchichón, dulce de guayaba y queso, que consiguió Panadero. Cuando se acabó la comida, saqué cucharas para todos y nos sentamos felices a comer leche Klim.

A las niñas ricas les celebran los quince. A mí, mis amigos y mis hermanos me celebraron los catorce. La fiesta más linda de mi vida.

❖ ❖ ❖

Crecer con tres hermanos hombres fue de gran beneficio para mí. Aunque los muchachos del barrio en general me miraban con respeto, tenerlos a ellos era como tener tres guardaespaldas. Crecimos unidos, y yo era un niñito más jugando con ellos, brincando de charco en charco cuando llovía y luego entrando en los *scouts*. En mi niñez yo era un macho. ¡Y cómo lo disfruté!

Una vez hubo un torneo de fútbol amistoso entre los niños de los barrios de Siloé y hacía falta un jugador, así que, como había tres hombres en mi casa, vinieron a ver cuál se apuntaba. Ninguno quiso, pero yo sí, y me aceptaron. Cuando empezamos a jugar contra los demás, me di cuenta que era la única mujer en el torneo. A nadie le importó, cada equipo quería ganar, así que jugamos lo mejor que pudimos y llegamos a la semifinal. Me recogía mi largo pelo en una moña, la amarraba con un cordón o con una pañoleta, ¡y a jugar! Siempre que había un partido de mi equipo, en sábado o en domingo, ahí estaban mi mamá y mis tres hermanos haciéndome barra. Estaban orgullosos de mí, y yo feliz de que me apoyaran.

Pronto se crearon equipos de fútbol de mujeres, así que me salí del de hombres al que pertenecía y me metí al equipo femenino de mi barrio. Empezamos a competir y podría decir que había más público para nuestros torneos que para los masculinos. Tal vez en esa época les parecía raro ver jovencitas feroces detrás de una pelota tratando de hacer goles al equipo contrario, cumpliendo con todas las reglas y sin llorar. Porque algunos hombres venían a ver los partidos pensando que verían un *show* de lágrimas o de peleas, pero nunca fue así. Nosotras nos tropezábamos, nos caíamos, si nos lastimábamos nos parábamos rápido, y seguíamos jugando, como si nada. En ese momento, lo que había que hacer era meter goles.

En el primer torneo de mujeres, las de mi barrio quedamos campeonas. Nos sentíamos como estrellas del deporte, poderosas y felices. Para mí, las estrellas eran Magali, que tenía unas piernotas y cuando lograba dominar la pelota, era gol fijo;

Candela y Carmina, unas gemelas perfectas como defensas, a quienes era muy difícil pasarles por encima. Esas dos muchachas, flacas como eran, valían por cuatro.

Después de que terminó el torneo de mujeres, estábamos una tarde por ahí caminando Magali y yo, cuando sentimos que cayó algo cerca de nosotras. Al buscar qué era y de dónde venía, vimos a cuatro jugadoras de equipos que quedaron eliminados al principio de la competencia tirándonos piedras. Si les ganamos con una pelota, también lo haríamos con piedras. Como nuestra calle no estaba pavimentada, rápidamente nos armamos de cuanto proyectil encontramos, y empezó la guerra. No duró mucho, porque vinieron vecinos a meterse y a insultarnos por «machas». Eso no nos gustó y decidimos parar. Salimos corriendo y les dimos a ellas la victoria de esa batalla. El trofeo de fútbol ya era nuestro.

Meses después se organizó un nuevo torneo, pero ya no quisimos participar, especialmente porque había hombres bobos que nos ponían apodos feos.

❉ ❉ ❉

Después de mi papá tuve dos figuras paternas: León, recreacionista del ICBF (Instituto Colombiano de Bienestar Familiar), que era el profesor de los *scouts*, y Hernán, mi hermano mayor.

Mi mamá nos obligó a convertirnos en «exploradores» para tenernos ocupados y para que aprendiéramos técnicas de supervivencia. Rápidamente el instructor se ganó nuestra confianza, así que le hablábamos, le preguntábamos, le pedíamos consejo y hasta le pedíamos permisos. Él, a su vez, se sentía con la autoridad de aconsejarnos y regañarnos porque mi mamá nos había inscrito en ese grupo como «recomendados». Se había tomado el trabajo de preguntar cuáles eran las actividades que se realizaban, cuánto duraban las reuniones, qué íbamos a aprender y cuántos días a la semana debíamos ir. Preguntó todo sobre los *scouts* antes de apuntarnos, y cuando decidió inscribirnos, dijo que nos ponía en manos de León. A él le llamó mucho la atención el interés de mi mamá y decidió tomar la tarea impuesta por ella, aceptando hacerse cargo de nosotros.

De vez en cuando, León pasaba por nuestra casa «a darnos vueltica», para ver si todo estaba bien. Él nos tenía especial cariño porque lo obedecíamos. Éramos curiosos, pero no rebeldes ni nos metíamos en problemas. Mi mamá nos pedía que lo observáramos, pues él resultaba un ejemplo a seguir, y así lo hicimos. Era un señor alto, de unos treinta años, con figura de deportista, que para nosotros, que éramos aún niños, lucía fuerte e invencible. Usaba un jabón que hacía que a cualquier hora del día oliera a limpio; y a pesar de que todas las mujeres se derretían por él, nunca supimos que se hubiera aprovechado de eso para conquistar a alguna muchacha del barrio. Era como debe ser todo profesor: respetuoso. Y así se ganó, a su vez, nuestra confianza y respeto.

Un día nos preparábamos para ir a la reunión de los *scouts*, cuando vimos a León en la puerta de nuestra casa. Traía una camiseta blanca, nueva, para cada uno. ¡Ahora sí teníamos el uniforme! Con nuestras camisetas blancas y *blue jeans* nos sentíamos como verdaderos exploradores, listos para seguir aprendiendo del mundo, cómo sobrevivir y cómo salir bien librados de cualquier situación. Así, elegantes y felices, fuimos ese día los cuatro con nuestro profesor a la reunión semanal. Y regresamos, como siempre, con una tarea, pues mi mamá cada vez que veía a León le pedía que, por favor, nos mantuviera ocupados.

Recuerdo un evento de consagración para los jefes de grupo, en una cueva de murciélagos en Pance, al sur de Cali. León fue por nosotros a la casa para caminar juntos hasta donde nos esperaba el bus del ICBF que nos trasladaría hasta allá. Él sabía que nosotros casi nunca bajábamos a la ciudad y ya le había pedido permiso a mi mamá para llevarnos.

Nos encontramos con otros exploradores y sus instructores, éramos cerca de cincuenta personas, entre niños y adultos. Llegamos a un campamento y nos tocó caminar cerca de veinte minutos para alcanzar la cueva donde había murciélagos colgados de las paredes. Como era de día, dormían. Sentimos de inmediato un fuerte olor a amoniaco y León nos explicó que provenía de la orina de esos animales que estábamos viendo mientras descansaban.

En el momento de la consagración, empezaron a llamar a cada uno de los instructores para darles la boina, la consigna, la bandera y la daga: todos los emblemas que se ponen los jefes *scout*. Mis hermanos y yo observábamos y aplaudíamos, porque solo éramos patrulleros o exploradores. De repente, el profesor dijo mi nombre. Lo miré extrañada, pues no sabía para qué me llamaba. Al ver mi reacción, insistió en que diera unos pasos hacia adelante, porque yo también iba a recibir una promoción, aunque solo fuera patrullera, por ser tan dedicada. Cuando me paré al frente, él se quitó su boina, su daga y su pañoleta, y con sus propias insignias me consagró. Ese día me sentí grande y feliz. Estaba a punto de cumplir quince años.

Regresando de la reunión, León nos preguntó a mis hermanos y a mí si nos gustaría ir a clases de baile, con la posibilidad de formar parte de un grupo de Siloé que se iba a preparar para la feria de Cali, del 25 al 30 de diciembre. Todos dijimos que sí, pues nos encantaba estar en la calle divirtiéndonos y eventos como ese eran nuestra oportunidad. Él logró que mi mamá nos diera permiso y empezamos a ir a clases los fines de semana. Éramos un grupo grande, de entre los cuales se escogían bailarines para cada evento, y yo bailaba con tantas ganas que siempre me elegían.

Pronto comencé a presentarme con el grupo en diferentes eventos del barrio, en pequeñas tarimas, hasta que llegó el día de bailar salsa en los desfiles de la feria. A todos los bailarines nos compraron zapatos y nos hicieron ropa a la medida, con telas brillantes, adornadas con lentejuelas. Las mujeres nos maquillábamos con colores fuertes, los labios rojos, y nos peinábamos todas igual, con una moña alta. Fue importante para mí formar parte de un grupo con un objetivo común, y también ver a la gente disfrutando de nuestro *show* y los de los demás grupos.

Saber bailar me salvó de perder un año escolar, pues me estaba yendo mal en historia, y en esa época con perder una materia, se perdía el año entero. El profesor sabía que yo pertenecía a un grupo de baile porque me había visto en la feria y me dijo que, si me presentaba en un *show* del colegio representando a su curso y lo hacía quedar bien, me pondría la nota que necesitaba para aprobar. Le conté a León y él se prestó para bailar conmigo, pues mi pareja no podía acompañarme porque era estudiante de otro colegio. La presentación salió perfecta, saqué la máxima nota en el «examen» de historia, y recibí mi diploma para pasar al próximo grado.

Al año siguiente tuve una pelea con la profesora de religión, que era una mujer brusca, por hacerle un reclamo. Ella decidió hacerme perder la materia y logró que me quitaran el cupo en el colegio. Lo que ella no sabía era que yo contaba con un padrino de la vida que estaba decidido a empujarnos hacia adelante a mis hermanos y a mí, entre tantos otros jóvenes de Siloé. León pidió cita con el director del colegio, fue a hablar por mí y consiguió que me devolvieran el cupo para continuar estudiando el siguiente año. Desde que empezó el nuevo año escolar traté de portarme bien. A la profesora de religión solo le hice una mueca burlona el día en que volví a verla, como diciéndole «Aquí estoy de nuevo».

Aparte de los *scouts* y los grupos de baile, León trabajaba los fines de semana como recreacionista en fiestas infantiles, en lo que le pagaban por hora. Cada vez que tenía la oportunidad y necesitaba ayudantes, nos llevaba a nosotros cuatro, y pasábamos esas tardes divirtiéndonos, igual que los invitados.

León para mí era un candidato a premio Nobel de la Paz. Con los *scouts* y los grupos de danza no solo nos protegió a muchos de seguir malos pasos, sino que rescató a niños y muchachos que eran viciosos. Nos entendía y sabía qué nos hacía sufrir y, en el caso de los que usaban drogas, también sabía por qué lo hacían y de qué querían escapar. Por eso a todos nos hablaba y nos decía cómo sacar la rabia y la tristeza que teníamos dentro por el ambiente en el que vivíamos, animándonos a adquirir habilidades y a sacarles el máximo provecho, para orientar mejor nuestras vidas.

Más adelante, una amiga del barrio y León se enamoraron, a pesar de la diferencia de edades —ella tenía veinte y él, treinta y cinco—, y pronto la vimos a ella embarazada. Tuvieron un niño y hasta vivieron juntos, pero la relación no funcionó y al cabo de un tiempo se separaron. Pese a eso, por muchos años después de retirarnos de los *scouts* vimos a León trabajar incansablemente por la juventud de Siloé.

Mi hermano mayor, Hernán, fue la otra figura paterna para mí. Desde pequeña me regañó, me aconsejó y me dio ánimos. Él me enseñó a ser rebelde, a defenderme y a no dejarme tratar mal por ningún hombre. A pesar de que también era un niño y luego un joven no mucho mayor que Adalberto, Fabián y yo, tomó desde temprano una posición de autoridad, ya que mi mamá trabajaba mucho y alguien tenía que poner orden en la casa. Mi mamá no le dijo que lo hiciera, pero él siempre fue responsable y empezó a tomar decisiones por su cuenta. Nos servía la comida, estaba pendiente de que hiciéramos las tareas y de que la casa se mantuviera limpia y organizada. Los demás obedecíamos.

Adalberto, mi segundo hermano, que tiene el mismo nombre de mi papá, con su temperamento fuerte me enseñó a enfrentar a los hombres, pues mis primeras peleas fueron con él. Como teníamos una personalidad parecida, nos agarrábamos a golpes a cada rato. A veces ganaba él, a veces ganaba yo. Hernán llegaba a separarnos y terminábamos riéndonos y perdonándonos. Ya adolescente, cuando empecé a entender el peligro que nos rodeaba, llegué a pensar en conseguir un arma, por si tocaba defenderme o defender a alguien de mi familia. Un día vi un machete oxidado en la calle. Miré para los lados y como no vi a nadie y nadie me vio, sin pensarlo más lo recogí y salí corriendo a meterlo debajo de mi cama. Curiosamente me sentía protegida con aquel machete en casa. Nunca pensé que llegaría a usarlo, pero estaba equivocada.

Estábamos todos en casa cuando Adalberto empezó a molestarme. Y a mí no me decían Fosforito en vano. Llegado un momento me dio tanta rabia que fui a sacar el machete y, levantándolo, amenacé a mi hermano. Él, esquivándome, logró agarrarme tan fuerte la mano con que sostenía el machete, que me la fracturó.

Mi mamá no tuvo tiempo de enojarse con ninguno; tuvo que salir corriendo conmigo para la clínica de fracturas, donde me enyesaron el brazo izquierdo. Yo estaba esperando la pela de mi mamá, pero, para mi sorpresa, no me pegó ni me dijo nada, pues creo que entendió que yo me había defendido. A Adalberto, en cambio, sí le pegó no bien regresamos de la clínica.

Cuando empezamos a pasar de niños a adolescentes, Adalberto y yo éramos siempre curiosos y queríamos saber todo, especialmente lo que había después del plan. El plan, o el plano, era la calle de Siloé que estaba nomás iniciar la loma, que comunicaba con el resto de la ciudad. Poco a poco, juntos, encontramos respuestas. Él salió a mi papá, más desapegado de la familia, aventurero y callejero.

Desde jovencito vendía pandebonos y helados, y cuidaba carros. Era rebuscador, siempre estaba pensando qué vender para ganar dinero. No le gustaba que nuestra mamá fuera empleada de servicio, y soñaba con sacarla algún día de ese trabajo. Cuando íbamos a los eventos infantiles con León, él siempre estaba pendiente de los magos y cómo hacían sus trucos, y luego en la casa lo veíamos tratando de hacer magia.

Mi hermano menor, Fabián, de pequeño, se enfermaba con frecuencia. Mi mamá decía que fue porque nos tuvo seguidos a los cuatro y él salió desnutrido y con menos defensas. Cuando lo llevó al centro de salud recién nacido para que le aplicaran las vacunas, estaba agripado y mocosito, y no se las quisieron poner porque decían que no le harían efecto por la gripa. Mi mamá volvió con él sin vacunar a la casa y por eso le dio poliomielitis, porque no estaba protegido. Se veía frágil, pero nosotros lo cuidamos tanto, que fue creciendo gordo y bonito. Él tuvo que esperar un poquito más para conocer el mundo, porque mi mamá lo protegía mucho y nos lo encargaba a los tres mayores para que saliera de casa lo menos posible. A pesar de su limitación, era inquieto y avispado, y todo el tiempo estaba gateando y brincando. Aunque no caminaba como nosotros, se desplazaba a su manera, y si él no podía, lo ayudábamos. Nunca lo hicimos de mala gana, porque mi mamá nos dejó bien claro que, como hermanos, todos éramos igual de importantes y éramos un equipo. Una tarde, nos sorprendió a todos cuando lo vimos yendo por toda la casa, ¡caminando con sus manos! Había enredado su pierna derecha en la izquierda y empezó a desplazarse rápidamente para ir de un lugar a otro. Él notó que iba mucho más rápido con las manos que con los pies, y empezó a moverse así todo el tiempo. La gente en la calle se quedaba maravillada con su habilidad.

Cuando Fabián tenía diez años, un día amaneció con mucha fiebre y tos, y mi mamá tuvo que llevarlo al hospital infantil Club Noel, donde atendían a personas con bajos recursos económicos. Se le había complicado una gripa, y mi hermano decía que no podía respirar bien. Mi mamá entró con él cargado al consultorio, y antes de examinarlo para lo que le afectaba en el momento, el médico lo tomó en sus brazos, lo puso en una camilla, le quitó los zapatos y las medias y le observó detenidamente los pies, como comparándolos. Después de eso, le dijo a mi mamá que lo calzara de nuevo mientras se acomodaba su estetoscopio para auscultarlo. Le miró la garganta, los oídos y le tomó la temperatura, y al terminar les dijo que no se preocuparan, que con medicinas se iba a poner bien y les entregó varias muestras gratuitas, para que no tuvieran que ir a comprarlas. Antes de que se retiraran, el doctor le preguntó a mi mamá «¿Por qué no han operado al niño?». «¿De qué?», le respondió mi mamá. «¡Pues del pie, mi señora! ¡Eso que él tiene es muy fácil de arreglar!».

Mi mamá no sabía que eso se podía operar, y si hubiera sabido, no hubiera podido hacer nada porque no tenía dinero para una cirugía, y así se lo hizo saber al médico. Él les dijo que, si les parecía bien, los esperaría en su consultorio en dos semanas, para programar la operación, que él mismo haría, sin costo alguno. Fabián no podía creer lo que estaba escuchando, y empezó a hacerle toda clase de preguntas: «¿Voy a poder caminar? ¿Voy a poder jugar fútbol? ¿Me podría operar antes, por favor?». El doctor le contestó que tenía que ser paciente y que dos semanas

pasarían rápido. Y añadió que sí, que podría caminar. Mi hermano se lanzó a los brazos de mi mamá lleno de felicidad. Nunca
se le había pasado por su cabecita que algún día podría andar
derechito como sus hermanos.

Pasaron los quince días y se programó la fecha de la cirugía.
El doctor explicó que solo tenía que cortar unos tendones que
habían quedado encogidos a causa de la enfermedad, así que,
al soltarlos, el pie, aunque estaba atrofiado, lograría tener una
posición normal para apoyarse en él. Cuando Fabián salió de la
operación, le pusieron un yeso, y al cabo de unas semanas, una
bota ortopédica. A pesar de que le habían dado instrucciones de
hacerlo poco a poco, quiso caminar de una vez, y el mismo día
que llegó a casa lo veíamos yendo de un lugar a otro apoyando
cada vez mejor su pie, con yeso y todo. De tanto caminar de aquí
para allá, se le pelaron los deditos, pero eso no redujo su alegría.

Dos meses después, mi mamá lo llevó al control posoperato-
rio, y allá recibió la triste noticia de que el doctor había muerto
a causa de un cáncer en el páncreas. Llevaba largo tiempo enfermo, pero había querido trabajar en el hospital como voluntario
hasta sus últimos momentos, sin cobrar. Luego supimos que el
doctor González era el médico ortopedista del Deportivo Cali.
Fuimos una de las familias que tuvieron la fortuna de recibir el
beneficio de sus manos sanadoras.

❊ ❊ ❊

Ser unidos era la única manera de salir adelante en el ambiente
en que estábamos creciendo: el mundo de los barrios marginales,

donde lo que más se ve es pobreza y violencia. Mis hermanos y yo éramos inseparables, y eso ayudó a que nos aconsejáramos entre nosotros en caso de que alguno estuviera pensando en tomar cualquiera de los caminos fáciles que se abrían para conseguir dinero. En zonas así falta de todo, y todo asunto es motivo de pelea. Esto se debe en gran parte a las carencias de la educación.

Ahora hay más escuelas y colegios, pero antes eran menos, y las madres solteras, que eran la mayoría, y los papás, que eran pocos, algunos violentos y sinvergüenzas, no se esforzaban mucho por enviar a sus hijos a estudiar. No les gustaba madrugar para alistarlos para la escuela, luego estaba «el problema» de hacer tareas y comprarles útiles, así que más bien los dejaban ahí en la casa. Muchos de los hombres en barrios pobres trabajan como albañiles de lunes a viernes, el día entero a pleno sol. El fin de semana, ellos se «premian» su esfuerzo gastándose el dinero en licor, y luego no les alcanza el dinero para comprar el mercado.

A causa del comportamiento de algunos adultos, vimos cómo sus niños crecían sin saber leer ni escribir, y nos dábamos cuenta de que cuando, ya grandes, iban a buscar trabajo, no encontraban, por no contar al menos con una educación básica. Al comprender que no tenían muchas oportunidades, esos jóvenes, principalmente hombres, terminaban uniéndose a las pandillas, convirtiéndose en sicarios, o vendiendo drogas. Otra razón por la cual tantos jóvenes escogían esos malos rumbos era que querían irse de su casa por los malos tratos. Nosotros éramos testigos de cómo una vecina amarraba a su hijo a un árbol y le echaba agua fría. Era un espectáculo brutal, un niño indefenso tratado de esa manera. No solo había violencia en las calles, sino también dentro de esas casas llenas de gente con necesidades insatisfechas. Creo que esa señora desahogaba todos sus problemas en su hijo, y él terminó odiándola. Lizbeth, mi amiga de infancia, quedó embarazada a los trece años. Su mamá la mandó a vivir con su novio «por sinvergüenza», así que, debido a la ignorancia propia y la de su mamá, a quien nunca se le ocurrió hablar del tema con su hija, a los quince años ya tenía dos hijas. El muchacho era un donjuán, con novias por todos lados, y cuando Lizbeth le hacía reclamos, él le pegaba, sin importarle que tuviera cargada a una bebé o que estuviera embarazada. Una noche la encontró charlando conmigo y con otras amigas, y se la llevó a rastras hasta su casa, diciéndole que no podía salir sin su permiso.

Apenas se presentó la ocasión me senté a hablar con ella para pedirle que se hiciera valorar, que no se dejara maltratar. Pareció comprender lo que le decía, pero no tuvo mejor idea que contarle a su esposo lo que yo le había hablado. A los pocos días, él se presentó en mi casa para amenazarme. Ese episodio tan triste provocó que me alejara de ella por un tiempo. Solo volvimos a hablar el día en que supe que a su esposo lo habían matado, estando ella esperando su tercer hijo. Así de jovencita como era, tuvo que dedicarse a trabajar como empleada de servicio para poder mantener a sus niños.

Elkin, el primo de Lizbeth, tenía veinte años cuando llegó a Siloé buscando a sus familiares porque había quedado huérfano. Cuando hablábamos con él, nos dábamos cuenta de lo poco que había estudiado, por su forma de hablar, de expresarse, y porque a duras penas sabía escribir su nombre. Buscó trabajo y solo encontró uno como vendedor de bazuco. Lizbeth le decía que dejara eso y él le respondía que no podía depender de ella y que quería colaborar en la casa. Y para que su prima dejara de insistir, añadió que agradeciera que vendía droga en vez de haberse metido a sicario, que daba más plata, y más rápido. Para él no era bueno ni malo lo que hacía; era simplemente un trabajo.

Elkin empezó a andar con otros muchachos que hacían lo mismo, y mi amiga los escuchaba apostando a ver cuál llegaba a más viejo. Sabían que en cualquier momento podían matarlos, así que estaban dispuestos a matar primero. Que cada nuevo día los encontrara con vida se había convertido para ellos en un reto, ya que los vendedores de droga buscaban clientes por zonas, y si llegaban a entrar a vender en territorio ajeno, estaban «marcando calavera».

Esa violencia se trasladaba a cualquier terreno. ¿Que cómo vivíamos en Siloé la gloria de nuestros equipos de fútbol? Con violencia. Que el América es mejor que el Deportivo Cali. No, que el Deportivo Cali es mejor que el América. Así empezaban las peleas, a empujones en el estadio, y a cuchillo en el barrio. Cuando uno de esos dos equipos de la ciudad se enfrentaba a otro de afuera, todo estaba bien. Pero si jugaban entre ellos, los vecinos y amigos eran enemigos a muerte. En algunos barrios de Siloé todavía se pueden ver líneas verdes que representan al Deportivo Cali, o rojas, que representan al América, pintadas en la calle. Si alguien se atrevía a pasar por una de esas rayas con la camiseta del color contrario en día de partido, podía salir chuzado, o apuñalado. Mientras en el resto de Cali celebraban con fiestas, en Siloé, los hinchas mostraban la lealtad a su equipo a bala y puñal. Creo que la gente se mata en los barrios pobres porque allí la vida es nada, y su barriga está vacía y su espíritu también. Nunca hay plata para nada, menos para las ilusiones o los lujos. Tampoco hay amor. No es fácil encontrar amor en medio de tantas carencias.

***

La estrella es un monumento de Cali, con quince metros de altura y dieciséis puntas, hecha con tubos y bombillos, ubicada donde antes había un gran tanque de agua para abastecer a la comunidad de Siloé. Para llegar allá hay que subir cinco kilómetros desde el plan, la calle principal. La estrella se enciende cada noche y hace que desde abajo la loma se vea como un pesebre. Hay gente que sube a ver la estrella y a captar vistas panorámicas de Cali. Muchos habitantes de Siloé se han convertido en guías turísticos de la loma por unos cuantos pesos. Los que no son de allá, incluso los reporteros de noticias, a pesar de ir en grupos, prefieren ir acompañados por alguien de la comuna para sentirse protegidos, porque saben que es una zona «caliente», llena de ladrones y pandilleros, quienes no piensan dos veces para quitarle a la gente sus posesiones por las buenas —solo mostrando un arma— o por las malas —usándola.

Conocí a Javier, un guía turístico de Siloé, que desde los trece años se había dedicado a acompañar a los gringos —como se llama a los extranjeros—, a quienes les gustaba subir para tomar fotos y filmar. No le faltaba trabajo, era el guía por excelencia. Llegaban a buscarlo para hacer el recorrido hasta arriba en su compañía. Cuando tenía quince años, lo mataron saliendo de su casa. Si la gente preguntaba por qué lo habían matado, los vecinos contestaban que «por sicario y marihuanero».

De jovencita yo era muy inocente, y no me daba cuenta de que personas cercanas, igual que Javier, tenían trabajos «extra» y siempre estaban armadas. Después de todo, vivía protegida y jamás llegué a sospechar sobre las actividades que realizaban. Cada vez que alguien me traía cuentos sobre mis amigos, los defendía a capa y espada, no les creía y decía que todo era mentira. Nunca aceptaba comentarios negativos sobre ellos. En diferentes momentos de nuestras vidas, tres de ellos estuvieron en la cárcel. Uno antes, los otros dos, después. ¿Sus delitos? Limpieza social —matando ladrones—, venganza por el asesinato de un ser querido o sicariato. Por suerte, la vida les ha dado una segunda oportunidad y ya cada uno tiene familia y está educando bien a sus hijos. Diría que se han redimido con el mundo.

Todo iba bien para mí en el colegio Eustaquio Palacios hasta que empezaron a pedirme materiales que mi mamá no podía comprar, como una calculadora, un libro de dibujo técnico y escuadras. No me tomé la molestia de averiguar cuánto costaban, pues sabía que solo contábamos con el pasaje diario para el bus. Nada de libros, nada de útiles adicionales. Le dije a mi mamá que sin esos implementos no volvería a estudiar y que no quería que ella trabajara doble o triple solo para comprarme reglas o calculadoras. Tuvimos una pelea grande por eso, pero aun así le prometí regresar apenas tuviera el dinero para comprar todos los materiales que pedían. Le dije que tenía en mente la escuela nocturna para poder buscar trabajo y ella, muy brava, me contestó que debía cumplir mi promesa. A Adalberto le pareció buena mi idea y dijo que haría lo mismo. Mi mamá estaba tan furiosa, que hasta me pegó ese día. Igual que en otras ocasiones, ella desquitaba su enojo solo conmigo, y yo, ni esa vez ni las anteriores ni las siguientes, fui capaz de hacerle un reclamo. Tal vez porque yo era mujer ella sufría más por mí y quería que me superara. Nunca le pregunté por qué a veces era más estricta conmigo que con mis hermanos. Y empecé a buscar trabajo.

Las mujeres y la supervivencia eran un asunto complejo en Siloé. Conocí historias de algunas vecinas y amigas que se dedicaban a satisfacer a los hombres a cambio de dinero. Mejor dicho, que ejercían como prostitutas. En algunos casos era un trabajo conseguido por recomendación de alguna amiga o conocida; en otros, era un trabajo heredado, pues mamá, abuela y tías se habían dedicado a lo mismo para subsistir. No era un tema del que se hablara en detalle, pero llegado el momento en que la niña de la casa alcanzaba cierta edad, empezaban a decirle que hacía falta dinero, que, por favor, buscara la forma de ayudar. Ya dedicadas a ese oficio, ellas decían que era un trabajo como cualquier otro, intercambiando un servicio por dinero.

Una de mis amigas, Glovi —se llamaba así por su mamá y su papá, Gloria y Vicente—, había sido violada por un tío incontables veces durante su infancia. Cada vez que él terminaba de asaltarla sexualmente, le «regalaba» un par de billetes. Fue creciendo sin entender el daño que le hacía el hermano de su mamá, y se fue acostumbrando a sus abusos, después de los cuales recibía siempre un «regalo». Llegó el momento en que se enteró de que, así como su tío le daba plata por eso, existían hombres que podían pagarle mucho más por hacerle lo mismo. Delfina, otra vecina, estaba separada y tenía un niño. Era una morena bella y alegre, y fue ella quien le dio la idea de prostituirse a Glovi. Todos en el barrio habíamos visto cómo Delfina empezó a transformarse: ahora vestía ropa linda y zapatos finos, siempre estaba peinada y maquillada. A todas las amigas nos decía que éramos feas y pobres por bobas, porque estábamos sentadas en nuestra fuente de abundancia. Aparte de lo bien que lucía, en su casa no faltaba nada, y por supuesto, todos vivían agradecidos con ella. Nos insistía en que, si algún día queríamos salir de pobres, con gusto nos daría las instrucciones.

Cuando Glovi cumplió los dieciocho años decidió ayudar a su familia, así que aceptó ir a trabajar con Delfina. Ellas nos contaban sus experiencias cuando estábamos reunidas entre mujeres, y así fue como supe que bajaban a una casa en un barrio de ricos donde se inscribían para trabajar. Allá llenaban un cuestionario con todos sus datos, se dejaban tomar fotos y apuntaban un número de teléfono para ser contactadas en cuanto resultara un cliente. Mas rápido que lo esperado, recibían una llamada indicando un punto de encuentro para pasar unas horas, un día o un fin de semana con un «gringo». Curiosamente, algunos hombres no solo querían sexo y compañía, uno de los pedidos habituales era el de consentirlos y decirles cosas bonitas. Eran hombres buscando amor, aprecio, admiración. Quién sabe cuál sería su historia, cuántas cosas habrían visto y vivido, qué los conducía a comprar afecto en un país lejano. Glovi y Delfina decían que ellos sabían bailar salsa y eran amables y atentos. Las trataban como a princesas, las sacaban a pasear a lugares lindos y costosos, y les daban regalos, lo que no habían experimentado nunca en su vida, así que aparte del pago, salían con la autoestima alta. Y no tenían que sufrir por las libritas de más, pues los gringos, aparte de adorar a las caleñas en sí mismas, las preferían gorditas. Si estaban rellenitas, eso era un punto a favor.

Andrew, un extranjero fortachón, rubio y de ojos azules —como los de las películas—, se enamoró de Delfina y se interesó en saber todo sobre ella y su entorno, así que el barrio entero tuvo el gusto de conocerlo. Se paseaba por Siloé como si nada, y nosotros no entendíamos cómo era que no le daba miedo. Luego supimos que era policía —de esos que vienen a espiar y perseguir narcotraficantes—, que vivía y trabajaba en un edificio en el oeste de Cali. Seguro estaba armado hasta los dientes y era tan grandote que inspiraba respeto.

Andrew regresó a su país y la siguiente vez que vino a Colombia nos trajo de regalo ropa y zapatos de marca. A mi familia y a mí nos trataba de manera especial, porque intentábamos hablar en inglés con él y lo hacíamos reír a carcajadas, pues no sabíamos más de cinco palabras que seguramente pronunciábamos mal. Él se comunicaba en español fluidamente, así que eso de hablar con nosotros en inglés era solo por diversión.

Recuerdo los *jeans* marca Levi's y Diesel que nos regaló, ropa que nos duró muchísimo tiempo, aunque no tanto como los tenis. La razón por la que había vuelto a Cali era que venía a proponerle matrimonio a Delfina. Ella aceptó, y enseguida se fueron juntos a Estados Unidos. Después de unos años se separaron, y ella se casó con otro gringo, con quien montó una academia de baile. Hasta donde sabemos está contenta viviendo por allá, y sigue ayudando a su familia económicamente.

Glovi cumplió el deseo de mantener a su familia. La última vez que la vi, me dijo que ya tenía de todo y en su casa no faltaba nada.

Una vez llegó un español a vivir a Siloé. Alquiló una casa en el barrio de los que para nosotros eran ricos, cerca de la calle principal. Con su acento encantaba a todos, y a todas. Compró un carro y se lo veía ir y venir por las calles de Siloé. Se hizo de muchos amigos, así que nadie le hacía daño. Tenía dinero para comprar todo lo que le ofrecieran: comida, ropa y drogas. Siempre había quien le hiciera los mandados y siempre había mujeres lindas en su casa.

Después llegó un japonés a vivir igual que el español. Al principio se defendía a duras penas con el idioma, pero aprendió rápido a comunicarse. Se diferenciaba del español en que era menos reservado, y así supimos que había venido a descansar en nuestro país, por recomendación de un amigo suyo, quien había hecho lo mismo. Con lo que ganaba trabajando seis meses en Japón, le alcanzaba para tomar vacaciones durante seis meses en Colombia, con toda la droga y todas las mujeres que quisiera. Decía que en Cali todo era tan barato que podía derrochar su dinero, por eso su casa siempre estaba llena de amigos a los que invitaba. El japonés regresó a su país, y luego volvió una y otra vez a tomar sus meses de descanso, disfrutando de lo que más deseaba: estar con las hermosas caleñas y consumir drogas. Nunca le pasó nada. El español, en cambio, no corrió la misma suerte. Una noche, después de una enorme fiesta en la casa que alquilaba, lo encontraron muerto allí mismo, rodeado de nada. Sus «amigos» le robaron todo y luego lo mataron.

Llamábamos «La cuadra del ahorcado» a esa donde tres hombres, en tres diferentes casas, se mataron de ese modo por diferentes motivos y en menos de tres meses.

El primero fue el cuñado de mi amiga Magali, que decidió ahorcarse justo a la hora en que llegaban sus dos hijos de la escuela. Estaba metido en negocios malos, era vicioso y su esposa, la hermana de Magali, lo había echado de la casa. Dejó una nota para sus hijos, diciéndoles que la culpable de su muerte era su mamá. Tuvo que pasar mucho tiempo para que esos niños entendieran que ella había querido protegerlos, pues ese señor estaba perdido en las drogas.

Otro se ahorcó porque la esposa descubrió que tenía moza. En vez de quedarse con la una o con la otra, decidió dejarlas a ambas. Fue triste, porque la esposa lo quería y hubiera podido perdonarlo, pero parece que su nivel de estrés fue demasiado alto cuando se vio sorprendido.

El tercero estaba deprimido. Dejó a su niño y a su esposa. Era músico y cantante, y quien lo hubiera oído cantar nunca habría imaginado que alguien como él estuviera sufriendo, porque, al contrario, lucía feliz. En ese tiempo no se hablaba de asuntos mentales, de psicólogos o psiquiatras; las cosas se resolvían como cada uno pensaba que sería la mejor.

❊ ❊ ❊

Con más de quince años, todo lo que pasaba por mi mente para mi futuro era ser «muchacha», o sea empleada de servicio. O tal vez mejor que eso, vender mangos viches. Había señoras que vendían chicles y cigarrillos, pero eso no me llamaba la atención, porque los mejores lugares para eso eran los bares y yo sabía que estaban llenos de hombres incultos, descarados y manoseadores. Prefería imaginarme de muchacha, viviendo en una casa bonita, con todas mis necesidades básicas satisfechas, o vendiendo mangos a la salida de algún colegio, manejando mi tiempo y mi dinero.

Desde pequeña quería ser rica, como los que viven en la parte baja de Siloé, en esas casas que tenían televisor, equipo de sonido y hasta ventiladores, las casas de ese barrio principal donde estaban todas las tiendas, los negocios y los bailaderos. Lo mío nunca fue envidia; era deseo de superarme y conseguir todo lo que otros tenían. Quería trabajar duro y ahorrar, para empezar a darme lujos —como poner luces de Navidad en diciembre—, y para ayudar a mi mamá. No pensaba en regalos, solo en adornar la casa, porque me parecía lindo ver esos bombillitos de colores enredados en las ventanas.

Lo gracioso de mi sueño de vivir en la zona de «ricos» de Siloé era que ese, igual que el nuestro, era un barrio pobre. Allí también había escasez y problemas, pero para los que vivíamos arriba, los de abajo clasificaban como «ricos».

Estaba una mañana, haciendo cuentas en mi cabeza, pensando cuánto dinero podría ganar cuando empezara a trabajar. Me gustaba sumar y restar mientras hacía oficio, así se me pasaba el tiempo rápido. Cuánto necesito, cuánto vale esto o lo otro, cuánto me va a quedar, cuánto voy a poder ahorrar. Mis hermanos y yo acabábamos de lavar y ya extendíamos la ropa en la parte de atrás de la casa, cuando mi mamá me dijo «Mónica, camine que la hija de doña Marina necesita una ayudante». «¿Y me va a pagar?», le pregunté. «Claro que sí, hija. Apúrese que hay que salir pronto», me respondió.

Entré corriendo a ponerme una blusita que estuviera buena, que no me quedara ni grande ni chiquita, me puse los zapatos —en casa siempre estaba descalza—, me peiné y estuve lista en dos minutos, con una sonrisa de felicidad en mi cara. La sola idea de saber que mi mamá ya me permitía trabajar y hacer dinero me emocionaba.

Cuando llegamos al paradero del bus, me parecía que estaba soñando. Era el inicio de una nueva vida, pues siempre había dependido de mi mamá y ahora podría no solo valerme por mí misma, sino también ayudarla a ella.

Viajando en el bus empecé a ver barrios nuevos, ya no más loma, todo plano. Casas lindas, gente bien vestida, carros nuevos y brillantes que pasaban por aquí y por allá. Mi mamá me miraba de reojo, seria y curiosa. Fue ahí cuando le pregunté «Mami, ¿cuándo voy a estar lista para ser muchacha como usted? ¿Será mejor por día o interna? ¿Qué me recomienda?». Ella me respondió enojada: «¡Nunca, Mónica, eso no es para usted! ¡Yo la he educado para que haga algo distinto! No sé qué, pero ya se nos ocurrirá. ¡Muchacha, no!».

A mí se me salieron las lágrimas, pues mi futuro se me volvía confuso. Mientras me secaba los ojos, mi mamá me miró con cariño, pasó su brazo alrededor de mis hombros, y acercándose a mi oído me dijo «Mijita, en esos empleos hay mucha discriminación. Yo no quiero que nadie me la trate mal, porque usted vale oro. Espere y verá que le voy a ayudar a conseguir un trabajo mejor». Sus palabras me tranquilizaron un poco, pero seguía sintiéndome triste y confundida.

—¿Y entonces qué voy a hacer hoy? —le pregunté.

—Tienes que ser paciente, hija. Ahora, lista para bajarnos, que ya estamos llegando —me respondió, y añadió—: Cuando estemos con doña Amparo, se porta bien, haga lo mejor posible todo lo que le pidan, derechita, sonriente y educadita como le he enseñado. A ver, la peino para que no tenga ese pelero suelto. Le di la espalda para que ella me hiciera una moña y repetía en mi mente «Derechita y educadita».

Nos bajamos del bus y caminamos dos cuadras entrando al barrio Tequendama, y atravesando un pequeño centro comercial llegamos a un barrio bonito, allí donde vivía doña Amparo, una señora blanca, de pelo rubio corto y ojos entre azules y verdes, cuyo trabajo era preparar comida para banquetes.

Muchas veces la había oído nombrar, pues yo heredaba la ropa de su hija, que tenía más o menos la misma edad que yo. Pero nunca la había conocido hasta ese día. Me saludó amablemente y enseguida me dijo «Camine, mijita, que hay mucho que picar». Mi mamá me dejó en la cocina y se dedicó a limpiar la casa.

Ese día piqué mucha cebolla, tomate, perejil, cilantro y otro montón de verduras que no conocía, y probé por primera vez los champiñones y el queso crema. ¡Qué delicia! Mientras yo iba picando y colocando cada vegetal en un recipiente distinto, doña Amparo iba tomando un poco de aquí y otro poco de allá. ¡Esa cocina olía delicioso! Al cabo de un par de horas, me dijo que había que descansar mientras el horno y la estufa hacían lo suyo, así que hicimos una pausa para almorzar.

Cuando fueron saliendo los manjares del horno, ayudé a organizar grandes bandejas y ollas, que se llevarían a alguna fiesta. Después de subir todo a su carro, me entregó un par de billetes, me agradeció por haber trabajado con ella ese día y me dijo que esperaba contar conmigo de nuevo. En la cocina nos había dejado un par de recipientes con comida de la que habíamos preparado —«La pruebita», dijo ella—, para llevar a la casa.

En el bus de regreso, le mostré a mi mamá los billetes y le pregunté si me podía quedar con ellos. Ella asintió y cerró sus ojos para descansar. Yo también estaba cansada, pero no quería perderme de nada de lo nuevo que estaba viendo y viviendo, así que todo el tiempo estuve observando por la ventana. Cuando íbamos llegando, tuve que despertar a mi mamá, que se había quedado profundamente dormida.

Seguí yendo donde doña Amparo al menos una vez por semana, unas veces con mi mamá, otras veces sola. Ya me había aprendido la ruta y disfrutaba ir a trabajar. Aunque no ganaba mucho, pensaba que plata es plata y, en vez de pedirle a mi mamá, con lo que recibía podía cubrir mis necesidades menores. Mientras tanto, mis hermanos también se rebuscaban trabajando en lo que resultara: vendiendo helados en el río Pance —adonde la gente va a pasear el fin de semana—, vendiendo pandebonos en el barrio, recogiendo las bolas en la bolera del Club Tequendama y cuidando carros en la avenida Sexta. Así pasaron más de tres años.

Mientras mis hermanos trabajaban aquí y allá, yo seguí en lo de los banquetes. A veces ayudaba a cocinar y a veces me tocaba ser mesera. Lo segundo me gustaba más, porque podía seguir conociendo el mundo: estuve en almuerzos, cenas y fiestas de empresas, en todo tipo de celebraciones, unas grandes y otras pequeñas. Doña Amparo me había dado un traje de color negro con camisa blanca y corbatín, y zapatos negros, que siempre debía usar en los eventos. Yo mantenía mi uniforme limpiecito y mis zapatos brillantes. Siempre que quedaba comida del banquete, ella me dejaba empacar para llevar a casa y compartir con mi familia. Mi mamá no nos recibía dinero a mis hermanos ni a mí, pero ya no le pedíamos, que era otra forma de colaborar.

Trabajando con doña Amparo fui a supermercados donde siempre me impresionaba de ver tal variedad de verduras y frutas, tanta carne y tantos tipos de bebidas gaseosas, pues en casa teníamos un menú más bien pequeño y la bebida siempre era agua de panela. Cada noche le daba gracias a Dios por lo que había vivido y aprendido. Sentía que crecía y me iba preparando para el mundo, que cada vez se hacía más grande frente a mis ojos.

Un día llegué temprano a trabajar de mesera y fui al baño para ver si mi pelo estaba bien acomodado, pues debía quedar perfectamente recogido. Allí encontré a Blanca, otra mesera, sentada en el piso, llorando. Me acerqué y le pregunté qué le pasaba y si la podía ayudar en algo. Ella se agarraba la cabeza y, acurrucada como estaba, no paraba de llorar, así que me senté en el piso a su lado y no pregunté nada más, solo quería que se sintiera acompañada, cualquiera que fuera la causa de su llanto. Pasado un rato, me miró con sus ojos rojos e hinchados de tanto llorar y me pidió que le consiguiera algo para el dolor. Salí corriendo a buscar a las otras compañeras; una de ellas me dio una pastilla y volví rapidito a entregársela con un vaso de agua que conseguí en la cocina. Blanca se la tomó, me miró y con la voz quebrada me dijo «Me duelen el cuerpo y el alma». «¿Como así, Blanca? ¿Estás enferma? ¿Qué te pasa?», le pregunté sin entender. Se veía tan triste, que era contagioso ese sentimiento. Ella me habló bajito, en secreto: «Mi esposo me golpeó fuerte esta mañana y me duele mucho». Sentí enojo y le dije que con gusto la acompañaría a una estación de policía para poner la denuncia. Allá tendría que mostrar los golpes, dejarse tomar fotos y hacer un reporte. Ya había visto atrocidades en Siloé, mujeres golpeadas por el esposo, el amante o el novio.

—No puedo —me contestó.

—¡¿Cómo que no puedes?! —dije enojada.

Ella se había vuelto a acurrucar, y se levantó para mirarme fijamente:

—No hay nada que mostrar. Todos los golpes me los dio en la cabeza, para no dejar marcas. Él también sabe cómo es eso —me dijo.

Luego me pidió que no me preocupara, que ella ya tenía un plan para alejarse del infierno en que vivía.

Ese día trabajé con tristeza y con malestar, imaginando la vida que llevaba mi compañera, al lado de un hombre violento. Le pedí a Diosito que la ayudara y le permitiera liberarse.

Coincidimos muchas otras veces en el trabajo, pero nunca volvimos a hablar del tema.

❊ ❊ ❊

Conocí a Fermín un sábado en la tarde, cuando volvía de trabajar. Era un muchacho de cejas gruesas, con la cabeza rapada, pues era de esos a los que les crece el pelo de punta, hacia arriba. Me llamaron la atención su sonrisa amplia y sus dientes blancos perfectamente alineados. Era un nuevo amigo de mi hermano menor.

Me gustó inmediatamente y yo a él también, así que al poco tiempo éramos novios, caminábamos por el barrio tomados de la mano y nos decíamos palabras bonitas. Él vivía ocupado, trabajando en una ferretería, y a mí, mi mamá no me dejaba salir, así que nos contentábamos con escribirnos cartas de amor y salir juntos por ahí cerca cuando se podía.

Llegó el día en que Fermín terminó el bachillerato, así que él y todos sus compañeros tuvieron que presentarse para el servicio militar, unos con miedo, otros contentos, pues los muchachos del barrio que ya habían ido venían diciendo que eso era duro, que solo se comía lentejas y que, si había carne, era de gallinazo, que todos los días había que madrugar y que si no obedecían a sus superiores, les pegaban con una tabla. Supimos que Fermín y su mejor amigo irían a la Costa Pacífica, a Bahía Solano en Chocó, a unos 300 kilómetros de Cali, y que tenían que partir la semana siguiente, así que empecé a escribirle una linda carta de despedida.

Estaba afuera de mi casa sentada en una banca que habíamos hecho con dos llantas y una tabla, conversando con mi hermano Fabián, cuando Emilio, el mejor amigo de Fermín, se me acercó: «Venga, le muestro dónde está su novio». Me paré de inmediato, fui tras él y unas cuadras más abajo vi a Fermín haciéndole la visita a una muchacha en la puerta de su casa, pegaditos el uno al otro. Me devolví para mi casa furiosa, para romper la carta de despedida, y dejé ahí parado al tal Emilio. Cuando mi novio vino a hacerme la visita, le dije que terminábamos, que ya no quería nada con él. Él puso cara triste, pero no le creí.

Emilio, al saber que yo ya no tenía novio, vino a visitarme. Me llenó de halagos y me invitó a tomar cerveza, dizque para ayudarme a pasar el momento amargo, y entonces aprovechó la oportunidad para decirme que yo le gustaba, que era la mujer más bonita de Siloé y que prometía escribirme desde donde cumpliera el servicio militar. Me gustó su personalidad, pues parecía buena persona. Tenía un modo de hablar respetuoso y sin malas palabras. A diferencia de la mayoría de muchachos, que eran boquisucios al hablar, Emilio no era grosero y eso me llamó la atención. Además, era más alto y «musculoso» que Fermín.

En realidad, no lo era, pues hace poco encontré una foto de ellos en el ejército y me dio risa, pues no vi a ningún musculoso: los dos eran un par de flacuchentos. Esa salida en plena tarde con Emilio, sin permiso de mi mamá, me salió cara, porque ella se enteró y me echó de la casa. Se puso furiosa cuando supo que yo había salido «a tomar», y me dijo que no podía vivir con ella si no cumplía sus reglas. Yo sentía que no había hecho nada malo, y como también tengo mi geniecito atravesado, cogí una bolsa, guardé ahí mi ropa y me fui a vivir con mi abuelita. Iba brava, preguntándome por qué mi mamá se portaba así conmigo y a mis hermanos sí les daba libertad.

En menos de un mes estaba recibiendo cartas de Emilio, llenas de dibujos bonitos, contándome con detalle todo lo que hacía, lo que le gustaba y lo que no. También cómo se había peleado con Fermín cuando se enteró de que él me andaba escribiendo. Emilio le dijo que todavía no había nada entre nosotros, y Fermín, negándose a creerle, empezó a gritarle furioso mientras lo empujaba. Un cabo los vio peleando y los animó a darse más golpes, diciendo que solo así se solucionaban los problemas de faldas entre hombres. Ellos obedecieron hasta que quedaron reventados. Al final, Fermín le dijo a Emilio que se podía quedar conmigo, que yo ya no le interesaba, y nunca volvió a dirigirle la palabra.

El día en que me llegó esa carta de Emilio, mientras leía emocionada lo de la pelea con Fermín y la vida en el servicio militar, también recibí la noticia de que habían matado al hijo mayor de doña Paty, aquella vecina que alguna vez tuvo cabras. El muchacho se había ido a trabajar dos meses atrás a una finca, donde le habían prometido buena paga. Resultó que el trabajo era de «paraco», o sea de paramilitar, y ahí quedó, acribillado en un fuego cruzado entre guerrilleros y paramilitares. Se lo devolvieron a su mamá, pero muerto. Me dolió no haberle cortado el pelo el día, hacía no mucho tiempo, en que me pidió el favor y yo no pude porque iba saliendo para mi trabajo. Le dije que volviera más tarde y él, con una sonrisa, me contestó que sería en otra ocasión, pues se iba de viaje. Esa fue la última vez que lo vi. Nunca se me va a olvidar esa mirada que para mí fue su despedida.

Después de recibir varias cartas de Emilio, empecé a contestarle, y a su regreso del servicio militar, un año después, éramos oficialmente novios. Yo ya había hecho las paces con mi mamá y había vuelto a vivir con ella y mis hermanos. Emilio me animó para que terminara el bachillerato y sacara mi diploma, así que me matriculé de nuevo en el colegio Eustaquio Palacios, esta vez en la jornada nocturna, y me dediqué a estudiar. Él, a su vez, se matriculó para estudiar mecánica industrial. Los dos queríamos superarnos, y sabíamos que el camino era estudiando.

Como mi mamá casi no me dejaba salir, y mucho menos para ir a bailar, Emilio me decía que estuviera tranquila, que cuando nos casáramos bailaríamos todo el tiempo que quisiéramos. Nunca había pensado en casarme, pero con ese comentario empecé a pensarlo y me gustó.

Mi mamá no quería que fuera a los bailaderos, porque decía que allá no me encontraría solo a los muchachos buenos, sino también a todos los muchachos malos del barrio, y lo menos que deseaba era que alguno de esos me «echara el ojo». Ella me metía mucho miedo, me hablaba de los borrachos, de la droga, de las balaceras, y con todo eso, me quedaba sin entusiasmo por conocer los lugares adonde iban los demás jóvenes del barrio. Mis amigas me decían que era verdad, pero que también se pasaba rico, que solo había que tener cuidado y estar listas para salir corriendo en caso necesario. Decidí esperar y dejé de pedirle permiso a mi mamá, así que solo iba a celebraciones en casas de conocidos y pasaba las tardes con Emilio, siempre cerca de mi casa. Cuando él me llevó a la suya para presentarme a sus papás, me di cuenta de que era «rico».

Emilio también vivía en Siloé, pero en un barrio mejor que el mío, donde todas las casas son fuertes, de ladrillo. Tenían televisor y licuadora, y para mí, esas eran señales de riqueza. Sus papás, un señor y una señora pequeñitos, me recibieron con cariño. Desde el primer día me abrieron las puertas de su casa y me hicieron sentir como si fuera su hija. Entendí por qué Emilio era tan especial: sus padres tenían un corazón gigante. Mis hermanos y yo estábamos ocupados todo el día, trabajando, estudiando, cada uno en lo suyo, tratando de superarse. El primero que obtuvo su diploma de bachiller con notas excelentes fue Hernán, y apenas salió del colegio se matriculó en el SENA (Servicio Nacional de Aprendizaje), donde enseñan carreras técnicas y tecnológicas, de donde se graduó en Fotomecánica —con honores—, y desde entonces siempre ha tenido trabajos bien pagados. Cuando sacó su diploma técnico y se casó, ahí sí que lo veía como un papá. ¡Qué hombre tan responsable y tan dedicado! Empecé a soñar y a planear mi grado de bachiller, no solo por superarme, sino también por la emoción que sentía al imaginarme que le entregaría a él mi diploma. Sentía la necesidad de retribuirle su buen ejemplo. A pesar de que él era aún joven, tomaba decisiones como una persona mayor. Hernán y su esposa se dedicaron a buscar un lugar menos «caliente» donde vivir, y alquilaron un apartaestudio en el centro de Cali, cerca de la empresa donde él había conseguido trabajo. Pronto nos dieron la noticia de que esperaban su primer bebé y todos en la familia nos pusimos felices. Sabíamos que él sería un gran papá.

❊ ❊ ❊

Doña Amparo dejó de trabajar por un tiempo en lo de los banquetes y al saber que yo había estado buscando empleo, sin éxito, en almacenes, panaderías y restaurantes, me mandó razón con mi mamá sobre un lugar donde estaban necesitando una empleada. Era un almacén llamado Melsy, en la avenida Roosevelt, cerca de la Iglesia de la Virgen Milagrosa. Me fui inmediatamente para allá y la dueña me dio el trabajo. Melsy era una señora alta, gordita, rubia, pecosa y sonriente. Me pareció que nos habíamos caído bien. Ella me dijo que me necesitaba para todo: para mantener limpio el almacén, ayudar a atender a los clientes y hacer de mensajera. Le informé que estaba dispuesta, así que esa misma tarde empecé a trabajar con ella. A la mañana siguiente me tocó barrer, trapear, sacudir, organizar la ropa por tallas y sacar fotocopias. Era un almacén de barrio, de esos en los que venden de todo. Recuerdo el anuncio en la ventana del almacén: «Perfumería, Regalos, Ropa para Damas y Caballeros, Fotocopias, Cacharrería, Papelería y Más». Lo que más se movía era la fotocopiadora, pues estábamos cerca de la Universidad Autónoma, en el barrio Champagnat.

Nunca he creído en agüeros ni en supersticiones, y desde pequeña me gustaba retar ese tipo de mitos. Al principio lo hacía para comprobar su efecto, y luego por diversión, pues me daba cuenta de que no pasaba nada. Si me decían que no me mirara en un espejo roto, me miraba. Si me decían que no pasara por debajo de una escalera, pasaba. Que no me metiera debajo de una sombrilla cuando no estaba lloviendo, porque me podía quedar soltera, pues abría la sombrilla y me metía debajo. Era divertido para mí porque veía cómo la gente se echaba la bendición y tocaba madera pensando que ya llegaba mi mala suerte. Pero mala suerte es precisamente lo que menos ha habido en mi vida. Cuando fui creciendo me di cuenta de que la buena suerte, igual que la plata, está en la calle. Y he salido a buscarla. Un día, mi patrona me pidió que limpiara los vidrios del almacén. Aunque no era habitual, no me sentía bien de salud, y no era agradable sentir el calor del sol del mediodía en mi cabeza. Le pregunté si podía dejarlo para el final de la tarde y me dijo que no, que debía empezar de inmediato. Cuando, resignada, salí con un trapo y un balde de agua, Melsy se me acercó: «Por favor, mientras limpias, repite "Que salga el mal y que entre el bien"», me dijo. «Y repítelo siempre mientras barres y mientras limpias», añadió. Como no quería salir al sol, y necia como era a mis escasos diecinueve años, empecé a repetir cantando en voz baja «Que entre el mal y que salga el bien, que entre el mal y que salga el bien». Para mi sorpresa, mientras cantaba empecé a ver cómo entraban y entraban clientes. ¡Vendimos muchísimo! Era un día de semana, y la venta fue tanta como si hubiera sido un sábado. La gente no paraba de entrar. Mientras ayudaba a atender a los clientes, me reía por dentro y pensaba que los agüeros no sirven.

Otro día volví a comprobar aquello de las supersticiones, esta vez a un nivel más alto: con los muertos. Resulta que mi patrona les tenía mucha devoción a las ánimas y reunía monedas para ellas en un frasco mediano. Cuando el recipiente estuvo lleno, ella vació las monedas en una bolsa plástica y me pidió que se las entregara a una monja en la iglesia de La Milagrosa, diciéndole que eran para las ánimas benditas del Purgatorio, que eran las que le cuidaban el almacén. Cuando le pregunté de qué estaba hablando, ella me contestó que eran las almas de los muertos que no habían podido entrar en el Cielo por alguna razón. «Así que les damos el empujoncito para que salgan del Purgatorio y puedan ver el rostro de Dios», añadió, «y a cambio, ellas nos protegen». No entendí nada de lo que me dijo y cuando quise preguntar más, sonó el teléfono, así que ella atendió y solo me hizo señas para que me fuera pronto a entregar las monedas. Salí a cumplir con el encargo, llena de dudas: ¿cómo utilizan las monedas las ánimas?, y si son almas, ¿qué podrían comprar con ese dinero?, ¿comida? Claro que no. ¿Ropa, zapatos? Tampoco. ¿Medicinas? Pero ya están muertos, no hay remedio que valga. ¿Será para pagar cuentas? ¿Arriendo? ¿Agua, Luz? No, no, no, pensaba. ¿Y cómo nos cuidan si están detenidas en el Purgatorio? Me resigné por el momento a la falta de respuestas y decidí volver a mi papel de mensajera cumpliendo un encargo. Solo debía entregar las monedas a la monja que estuviera a la entrada de la iglesia y regresar rápidamente al trabajo. Tal vez la religiosa podría orientarme un poco más en ese tema que me despertaba tanta curiosidad.

Llegando a la iglesia, en la esquina vi a un anciano flaquito y arrugado, con su mano estirada, pidiendo limosna. Mi primer pensamiento fue «Qué pesar que no tengo nada para darle». Luego saltó otro pensamiento: «¡Sí que tengo!». Metí la mano en mi bolso, donde había guardado la bolsa plástica con las monedas, y saqué una manotada, suficiente dinero como para que el viejito pudiera comprar comida, y se la entregué. Él recibió contento las monedas y, mostrándome su sonrisa sin dientes, mientras yo me alejaba, repetía «Mi Dios se lo pague».

Seguí mi camino y justo a la entrada de La Milagrosa había una mujer embarazada con tres niños cerca de ella, suplicando a todo el que pasaba por una «ayudita». ¡Pobre mujer! Se le veían la tristeza, la enfermedad y el hambre en la cara. Los niños, más bien inexpresivos, huesudos, vestían ropa vieja y no tenían zapatos. Sentí un pesar inmenso y, sin dudar, metí otra vez la mano en mi bolso y le entregué a la mujer la bolsa con el resto de monedas. Ya no necesitaba buscar a la monja y ya no me hacían falta respuestas. Acababa de ver ánimas en un purgatorio y pude salvarles el día.

Cuando regresé al almacén, mi patrona me recibió con un abrazo, mientras me contaba que dos gringos habían comprado tanto, que equivalía a lo que vendíamos en una semana entera. Me miró a los ojos, puso sus manos en mis hombros y dijo «¿Si ve, mijita? Las ánimas devuelven los favores triplicados». Feliz como venía, le respondí «Sí, señora, así es».

Lo que no tenía que ver con ánimas fue lo que vino después.

❈ ❈ ❈

Emilio y yo llevábamos casi dos años de novios cuando quedé embarazada y él me propuso matrimonio. Yo estaba enamorada y sentía que tenía la aprobación de toda mi familia. «Es muy buen ser humano», me dijo un día mi mamá. Esas palabras me sirvieron para comprobar que había escogido al hombre correcto.

Ella hubiera querido que me casara antes de quedar embarazada, pero el destino no lo quiso así. ¿Por qué? Porque yo no sabía cómo evitar un embarazo. Porque mi mamá nunca me preparó y nunca me habló de ese tema. ¿Cómo esperan las mamás y los papás que sus hijas se cuiden si no saben cómo hacerlo? ¿No es más fácil darles una clase de sexualidad a las hijas en vez de comprobar después qué tanta suerte tienen? Suerte de conseguir un buen hombre, suerte de no quedar embarazada, suerte de no contraer una enfermedad. Luego vienen los regaños, los insultos, los golpes. ¿Quién es el responsable? ¿Se merecen las hijas que el mundo se les venga encima por su ignorancia y por ser mujeres?

Había tenido mareos y náuseas por las mañanas y empecé a sospechar sobre mi estado, así que un día pedí permiso en el trabajo para salir temprano y fui al centro de salud, donde me tomaron una muestra de sangre. Una semana después fui a recoger el resultado y vi que decía «Positivo». Me asusté mucho y lo primero que hice fue ir donde trabajaba Emilio. Él había conseguido un puesto en una empresa de aluminios, donde era el encargado del mantenimiento de las máquinas. Cuando llegué, notando mi inquietud, quizá mi palidez, me preguntó qué me pasaba. Le pedí que saliéramos del lugar para hablar y allí, en la calle, le di la noticia. Él me abrazó y me dijo que deberíamos casarnos para darle una familia a nuestro bebé, y que no me preocupara por nada, que siempre velaría por nosotros dos. Le dije que tenía miedo de contarle a mi mamá y él me tranquilizó, asegurándome que ella se pondría feliz de poder cargar otro nieto, pues Hernán y su esposa ya tenían una niña.

Me demoré un mes en contarle a mi mamá. Uno a uno les fui dando la noticia a mis hermanos y a mis amigos, y siempre les pedía que me guardaran el secreto. Llegó el día en que solo faltaba ella por saberlo, así que con mucho temor me le acerqué una mañana antes de salir a trabajar. Le dije que tenía una noticia para darle y ella pensó que había perdido mi empleo. Le contesté que esa parte de mi vida estaba bien, pero que tenía dos meses de embarazo.

Ella se quedó en total silencio. Dejó de mirarme y se dio vuelta, dándome la espalda.

«Perdón mamá», le dije, a lo que ella respondió que no tenía por qué pedir perdón, que eran cosas de la naturaleza y que, eso sí, tenía que ser una buena madre. Se volteó de nuevo, quedando frente a mí, y entonces vi cómo brotaban lágrimas de sus ojos. Con la voz quebrada y retándome, me dijo «Usted a ese muchachito le va a dar amor, comida, ropa y todo lo que necesite. ¡Cuidadito con abandonarlo! Si veo que usted no es una buena madre, pues me encargo yo, porque no voy a dejar que esa criatura sufra».

Empecé a llorar a la par con ella y le pregunté por qué me hablaba así, pues nunca le había dado motivos para pensar que podría ser una mala madre. Ella me contestó que no era por mí, sino por la cantidad de niños a los que había visto sufrir. Cuando le prometí ser una mamá como ella, me respondió «No, señorita, mejor que yo, porque usted ha tenido mejores oportunidades, ha estudiado más y tiene marido». Luego me preguntó si Emilio respondería como padre, y le aseguré que sí. Aunque la sentí más tranquila al final de nuestra conversación, se fue a trabajar limpiándose sus ojitos y me quedé todo el día con el corazón arrugado. Me daba pesar hacerla sufrir.

Antes de informarle a mi patrona sobre mi embarazo, ella era un amor conmigo. Moniquita por aquí, Moniquita por allá.

Yo hacía todo rápido y me quedaba hasta tarde trabajando cuando me necesitaba. Por supuesto, ella estaba contenta conmigo. Después de darle la noticia, todo cambió, ya no era tan atenta y siempre se notaba seria, no más sonrisas. Una mañana estaba yo atendiendo a un cliente, cuando la escuché hablando con una de sus amigas. Ella no se dio cuenta de que el cliente, después de pagar, se había ido, y siguió hablando, creyendo que no la oía. Decía que no pensaba pagarme seguro médico, y mucho menos darme licencia de maternidad, así que ya estaba buscando mi reemplazo. Continué atendiendo con tristeza, sintiéndome traicionada y sola. Pensé que debía buscar un trabajo mejor y mientras estuviera allí metida todo el tiempo no iba a conseguirlo, así que esa misma noche renuncié. Ella no supo que yo la había escuchado, y solo le dije que por razones personales no podía seguir. Ella aceptó sin preguntar más.

Yo debí conservar ese trabajo hasta el último momento, pero mi orgullo no me lo permitió. No tuve en cuenta que conseguir empleo mientras estaba embarazada sería difícil. Por suerte, Emilio tenía su trabajo fijo y guardaba cada peso que ganaba, pues había decidido hacer un cuartito para los tres en la parte de arriba de la casa de sus papás. Poco a poco fue comprando materiales según las indicaciones de su papá y de uno de sus hermanos, y pronto empezamos a construir nuestra vivienda.

Ya tenía cuatro meses de embarazo cuando Emilio y yo acudimos a una notaría a escoger la fecha para casarnos, y la primera disponible era la misma de mi cumpleaños. Nos reímos y decidimos reservarla, pues lo vimos como una buena señal. Al salir, Emilio me pidió que lo acompañara al Pasaje Cali, en el centro, donde se consigue de todo más barato, pero no me dijo para qué.

Cuando llegamos, me condujo a una joyería. Le dije que no se pusiera a gastar plata en eso, pero él insistió: había estado ahorrando y quería que nos casáramos con todas las de la ley, incluidas las argollas. Nos tomaron las medidas del dedo anular, Emilio pagó la mitad y quedó en pagar el resto cuando las recogiera. Me conmovía verlo hacer planes para los tres. Había soñado con muchas cosas, pero no con ese tipo de gestos, de noblezas. La vida me estaba dando más de lo que le había pedido.

Invitamos a nuestros amigos y familiares más cercanos, incluidos mi abuelita y mi papá, para que nos acompañaran el día de nuestro matrimonio. Mi abuelita le tenía gran cariño a Emilio, y aunque por esos días estaba delicada de salud, hizo el esfuerzo por venir a darnos su bendición.

Nos casamos un 21 de junio, a las once de la mañana.

Ese día me levanté tempranito para ir a una peluquería cercana. Todavía sentía las náuseas de la mañana, así que no quise desayunar. En la peluquería me encontré con Lizbeth, mi amiga de infancia, que ahora era peluquera, y me dijo que, como regalo, me peinaría sin cobrarme y me dejaría linda. Recibí su regalo con el mismo cariño con que ella me lo estaba dando. Pasaban mil preguntas sobre mi futuro con Emilio por mi cabeza mientras mi amiga arreglaba mi pelo, dejándome una moña con flequillo. Estaba ida cuando ella me llamó por mi nombre y me pidió que me mirara al espejo para ver si me gustaba el peinado. Le dije que sí, que me encantaba, le di las gracias por ser tan buena amiga y me fui a casa a ponerme el vestido que con gran esfuerzo me había conseguido mi mamá.

Mucho después de la ceremonia supe por una tía que mi mamá había trabajado sin pago por un tiempo donde una clienta suya que era modista, a cambio de que confeccionara mi vestido. Era un enterizo de manga y pantalón corto hasta arriba de la rodilla, con suficiente espacio para mi barriguita —aunque casi no se me notaba—, de color blanco, hecho con tela de hoja rota.

Ese día, me maquillé, me puse aretes, zapatos altos, también blancos, y quedé lista para ir a casarme. Salimos de la casa, y hablábamos de tomar un taxi en lugar de ir en bus para llegar a tiempo, cuando nos encontramos afuera con Panadero, uno de los mosqueteros, en el taxi que manejaba, listo para llevarnos a la notaría.

Algo chistoso que recuerdo de ese día fue ver a mis vecinas asomadas por puertas y ventanas, con sus caras inquisitivas, observándome vestida de blanco, pues, machistas como eran —y lo son muchas todavía—, pensarían que yo no merecía ir vestida de ese color por estar embarazada. Veinticinco años después, todavía encuentro personas que siguen creyendo que los hombres pueden hacer lo que quieran y las mujeres tenemos que estar sometidas a las reglas que por siglos nos han hecho daño.

Por mi parte, salí bien arreglada y con la frente en alto.

Luego supe que esas vecinas chismosearon bastante al enterarse de que Panadero me había llevado, pues supuestamente él había estado enamorado de mí toda la vida, y decían que lo habían visto llorar.

Cuando llegamos a la notaría, ya todos estaban allí. Emilio, muy elegante, de camisa y pantalón *beige* y zapatos color vinotinto, había ido con sus papás. Era el día de mi cumpleaños número diecinueve, y estábamos rodeados de familiares y amigos. Nos hicieron pasar a un salón donde había unas cuantas sillas y un escritorio, parecía un aula. Entramos y nos sentamos, y nos pusimos a conversar mientras esperábamos, cuando de repente entró una señora que, a pesar de sus tacones, se veía pequeñita. No sabíamos quién era hasta que preguntó quiénes eran los novios y supimos que era la notaria. Le presentamos nuestras cédulas, llenó unos papeles con nuestros datos y nos hizo firmar. Mientras nos devolvía los documentos, indicó que nos situáramos frente a ella. A los demás les pidió silencio para empezar la ceremonia.

Miró a Emilio y le preguntó si estaba ahí por decisión propia y si estaba dispuesto a recibirme como su esposa. Cuando él contestó que sí, me preguntó lo mismo a mí. Después nos hizo repetir unas frases que ella iba leyendo, tal como en las novelas: «Yo te recibo a ti para amarte y protegerte de hoy en adelante, en la riqueza y en la pobreza, en la salud y en la enfermedad, hasta que la muerte nos separe».

Después nos preguntó si traíamos anillos y Emilio sacó de su bolsillo las argollas que había comprado. Nos las pusimos el uno al otro, y nos dijo que esas argollas representarían en adelante nuestro compromiso de continuar la vida juntos. Esa argolla fue mi primera joya y la primera cosa de oro que tuve en mis manos.

Al final, subiendo el tono de voz, proclamó ceremoniosamente «En virtud del poder que me ha sido otorgado, los declaro marido y mujer». No recuerdo si hubo testigos, solo que firmamos nosotros y ella, que era la notaria, y así quedó registrado nuestro matrimonio.

Nuestros amigos empezaron a cantar «¡Be-so, be-so!», y Emilio y yo nos besamos entre aplausos. Todos se acercaron para tomarnos fotos, pero nos interrumpió la misma notaria que nos acababa de casar: que por favor desocupáramos la sala en los próximos diez minutos, pues había otras parejas esperando su turno. De ahí nos fuimos todos a la casa de mi abuelita para celebrar con un pollo relleno y una ensalada que nos había preparado de regalo doña Amparo, la señora con quien yo había trabajado ayudándola a cocinar y también como mesera.

En la celebración, cuando todos estábamos conversando, tomando cerveza y comiendo esa comida tan sabrosa, mi mamá se me acercó para decirme que sentía que se había quitado un peso de encima porque ahora su niña tenía un hombre que la protegiera. Que siempre le había pedido a Dios que no me fuera a dejar sola o con un hombre malo, porque la vida de las mujeres es muy dura. Ya con un hombre bueno a mi lado, sabía que yo tenía un mejor futuro. Además, me contó por primera vez que yo había nacido a las 11:15 de la mañana, de manera que en mi vida había dos eventos importantes en la misma fecha y casi a la misma hora. Le prometí poner de mi parte para que mi matrimonio funcionara bien.

En determinado momento escuché que Fabián le decía a Hernán que había visto a mi papá maltratando a mi mamá, zarandeándola de un brazo, mientras ella lloraba y le pedía en voz baja que la soltara. Al ver mi cara de furia, mi hermano menor me dijo que ya le había pedido a mi papá que se fuera, pero él no le había hecho caso. Yo, sin pensar en nada más, lo busqué y lo encontré en la cocina: «Papá, se va de aquí ahora mismo. Y por favor, no vuelva», le dije sin darle explicaciones. Él salió de la cocina y luego de la casa, sin mirar a nadie, sin despedirse, y cumplió mi orden: jamás regresó.

Cuando le pregunté a mi mamá qué había pasado, no quiso contarme nada. Yo le dije que ya no tenía que soportar los maltratos de mi papá, pues ya no lo necesitaba. La verdad es que nunca lo necesitó, pero ella permitía que él viniera a la casa para que la gente lo viera y pensaran que ella tenía marido y nosotros teníamos papá. Le agradecí por haber aguantado tanto en nombre nosotros y por nuestra protección en el barrio, pero ya todos éramos adultos y no necesitábamos seguir mostrando esa imagen.

❊ ❊ ❊

Emilio y yo nos instalamos en casa de mis suegros, doña Flor y don Pedro. A pesar de que también vivían en Siloé, para mí, ellos eran «ricos», pues su casa siempre tuvo energía y alcantarillado, y más comodidades. Había dos cocinas con estufa y nevera, un baño con sanitario, ducha y lavamanos, y afuera, en el patio, un lavadero.

Donde mis suegros sucedía lo que en muchas familias de Siloé: cada hijo que iba consiguiendo mujer o cada hija que iba consiguiendo marido se instalaba dentro de la misma casa con su pareja y luego con sus hijos, así que en cada cuarto vivía una familia. Allí llegamos a vivir seis familias, aparte de mis suegros, una por cada hijo: de cuatro mujeres y dos hombres, Emilio era el menor.

Don Pedro había trabajado desde joven en construcción, sabía mucho al respecto, y ya estaba pensionado. La casa la había comprado doña Flor con sus ahorros, pues fue astuta y supo manejar su dinero, a pesar de haber tenido un esposo malgastador que regresaba borracho a casa después de trabajar. También supo convencerlo para que la acompañara a una iglesia, donde se convirtieron de católicos a testigos de Jehová, lo que ayudó a que él cambiara de estilo de vida y dejara de tomar. Ya en la nueva religión, don Pedro salía casi a diario desde temprano para reunirse con sus amigos a jugar parqués o dominó, y volvía por la noche, en sano juicio.

Cuando Emilio me explicó lo que significaba ser pensionado, pensé que algún día, cuando estuviera más vieja, quería tener una pensión para no tener que trabajar y aun así recibir dinero cada mes. Doña Flor siempre estaba en casa, nunca se quejaba y no exigía nada. Para ella era de lo más natural que toda su familia compartiera la misma vivienda, y ver crecer allí a sus nietos, desde bebés hasta adolescentes, todos juntos. El único que había pensado en vivir aparte era Emilio.

Doña Flor había mandado hacer otra cocina en el patio para tener siempre disponible la suya, así que los demás usaban la de atrás por turnos. A veces no funcionaba lo de los turnos, pues al menor descuido se quitaban entre ellos la olla de la estufa para cocinar otro plato. También había que tomar turno para usar el lavadero y el baño, pero afortunadamente, a mí no me tocó nada de eso. Doña Flor me permitía usar su cocina y, como estaba acostumbrada a madrugar, nunca tuve problemas con el baño o el lavadero, pues entraba de primera.

Desde que llegué a su casa, mi suegra me mostró dónde estaba cada utensilio y me enseñó a cocinar. Ella se levantaba temprano y cocinaba lo de ella y don Pedro. Era extremamente limpia y organizada, y así como ella me dejaba usar la cocina, yo se la dejaba igual: impecable. El baño, ella y yo lo manteníamos limpiecito. Como ya era mayor, a veces le decía que no cocinara, que yo me podía encargar de cocinar para los cuatro, así le daba un descansito. Lo que más les gustaba a ella y a don Pedro eran los frijoles y el sancocho, así que siempre que yo preparaba alguno de esos platos, ellos estaban invitados.

Sus hijas se quejaban de que doña Flor me trataba mejor que a ellas, pero yo la ayudaba y ellas no, así que creo que era pura apreciación. Lo que hacíamos era colaborarnos.

Yo limpiaba su cuarto, y también la sala y los lugares comunes, mientras veía cómo ante ella desfilaban las hijas y las nueras para decirle que necesitaban esto o aquello, o que a uno de sus nietos le urgían zapatos y al otro, medicinas, y doña Flor no hacía más que repartir su dinerito. Nunca decía que no. Cuando cocinaba por la mañana, venían a pedirle sopa para los niños. A mí me daba pesar ver cómo recibían tanto de su mamá sin darle nada a cambio.

Pero aquí no termina la historia, porque doña Flor no sabía leer ni escribir.

Un día estábamos conversando, cuando llegó un mensajero con un paquete. El muchacho le entregó un papel para que doña

Flor firmara, y ella, en vez de hacerlo, se fue a la cocina. Pensé que no había escuchado al muchacho, así que me fui detrás de ella con el papel en la mano. Entonces, hablando bajito, me susurró que no podía firmar, porque no sabía escribir, y le daba vergüenza decírselo al mensajero. La tranquilicé: yo firmaría por ella. Me apoyé en el mesón de la pequeña cocina, escribí su nombre y devolví el papel. Cuando el muchacho ya se había ido, le pregunté a mi suegra si aceptaría que yo le enseñara a leer y escribir. Ella movió su cabeza en señal de negativa, no creía que tan vieja pudiera llegar a aprender. Le aseguré que a cualquier edad uno puede aprender si se lo propone, y le pedí que me diera la oportunidad. Ella me sonrió y me dijo que sí, pero que no esperara mucho de ella.

Me emocioné con ese proyecto y decidí ponerle todo mi empeño. Esa misma noche le dije a Emilio que me consiguiera el libro *Nacho lee*, aquel que usamos de pequeños en la escuela para aprender a leer. Sentí tristeza de ver que, habiendo tanta gente en esa casa, y recibiendo tanto de doña Flor, a nadie se le hubiera ocurrido enseñarle al menos a escribir su nombre. Comprendí que no siempre los hijos son reflejo de sus padres, como la gente dice, porque mi suegra era diligente, trabajadora y amable. Las hijas no se parecían en nada a ella y los hijos, menos. Nunca supe si todos sabían leer y escribir, pero creo que la mayoría sí. Me preguntaba cómo era posible tanta indiferencia. Yo no podía ser indiferente, y menos podía quedarme de brazos cruzados.

Al día siguiente, Emilio llegó con el libro, y su mamá y yo empezamos nuestras clases. Cada día nos sentábamos en la mesita de la cocina, donde teníamos privacidad —en la sala siempre estaba el televisor encendido—, y le enseñaba una letra. Ya lo había hecho con algunos niños cuando estaba chica, y sentía que tenía experiencia suficiente. Siguiendo las instrucciones del libro, empezamos con las vocales y le fui mostrando cómo se veían en mayúscula y en minúscula. Cuando hubo aprendido las vocales, pasamos a las consonantes, y al cabo de un mes, doña Flor sabía reconocer todas las letras. Fue hermoso verla emocionarse aprendiendo. En cualquier momento del día, ya fuera en la mañana o por la noche, me sentaba a su lado para repasar, y le preguntaba sobre las letras que ya le había enseñado. En el libro había unos renglones en blanco, donde fue escribiendo cada letra que aprendía. Como eran pocos los renglones, además de llenarlos, ella garabateaba las letras alrededor de la página. Para mí, esa era otra prueba de que estaba contenta con las clases, porque se esforzaba por aprender.

Fue más fácil para ella aprender a leer que a escribir, así que quedamos en ensayar más la lectura y que estaría bien con que solamente aprendiera a escribir su nombre. Doña Flor era dulce y me hacía preguntas como si de verdad yo fuera su profesora. Emilio se puso feliz el día en que la vio escribiendo su nombre. No le quedaba muy bonito, pero como era anciana, cualquiera podría pensar que era por eso, no porque acabara de aprender.

Después quise enseñarle los números, pero ella me dijo que ya los conocía y los usaba a la perfección, pues toda su vida como empleada había tenido que manejar billetes de todas las denominaciones.

De las mujeres adultas, la única que salía de esa casa diariamente era yo; las demás se quedaban viendo todas las novelas que pasaban en la televisión, y por la noche las oía comentar sobre lo que hizo o dejó de hacer cada personaje. Eso no me gustaba, sentía que desperdiciaban el día. A veces me sentaba con ellas y por cortesía me reía de lo que decían, pero yo no tenía nada que aportar en esos temas. Cuando les preguntaba por qué no trabajaban, me decían que no querían ser empleadas de servicio porque de seguro las humillarían. ¿Entonces? Vivían de lo que les daban don Pedro y doña Flor. Sus esposos salían de casa a trabajar de albañiles, y como se bebían parte o todo su sueldo, no era mucho lo que aportaban. Don Pedro y doña Flor pagaban hasta las cuentas de la luz y del agua. Yo trataba de estar lejos de los hombres de esa familia, porque sabía que nada bueno conseguiría relacionándome con ellos. En mi afán por encontrar trabajo, me inscribí en cuanto curso encontré en Siloé: moldeado en arcilla, masajes terapéuticos, floristería, peluquería... Todo lo que fuera gratis y me aportara algo, yo lo tomaba, pues me daba angustia sentir que malgastaba el tiempo si no hacía algo productivo.

Vivía agradecida con mis suegros por su hospitalidad y, en correspondencia, uno de los hábitos que le inculqué a Emilio fue el de estar pendiente de sus papás. Él antes había sido descuidado como los demás hijos, y le dije que eso tenía que cambiar, que debía preguntarles siempre cómo se sentían de salud y si necesitaban ayuda, y así lo hizo. Una vez en que le preguntamos a doña Flor si le hacía falta algo, supe que en su juventud había trabajado como empleada de servicio y luego, por mucho tiempo, en Drogas La Rebaja. Contaba con el tiempo necesario para pensionarse, pero no lo había hecho porque no tenía cédula y era requisito mostrar ese documento. Nadie en su casa sabía, así que nadie la había ayudado. Inmediatamente me puse en el afán de conseguirle su identificación, sin saber lo que me esperaba.

Doña Flor nació en un pueblo en el departamento de Santander, lejos de Cali, y allá estaba su registro de nacimiento, necesario para sacar su cédula. En la registraduría me informaron que había que ir hasta ese lugar para pedir el documento. Les expliqué que mi suegra era una anciana y que para ella sería imposible realizar ese viaje. Varios empleados de esa oficina me dijeron que lo sentían mucho, que no sabían cómo ayudar o que no podían hacer nada, y que por favor regresara solo cuando tuviera el papel en mis manos, a mi suegra al lado para firmar y un par de fotos suyas para hacer el trámite.

Ante el desconsuelo que sentí, me senté en una silla a llorar. Pero no de tristeza, sino de rabia y de impotencia, de ver cómo en esa oficina, en vez de ayudar, solo ponían obstáculos. Ahí fue cuando se me acercó un señor enorme y gordo para preguntarme qué me pasaba. Cuando le conté todo, me pidió que lo acompañara a su oficina e hizo que llamara a mi suegra para preguntarle exactamente dónde y cuándo había nacido. Después me dijo que él podía ayudarme a encontrar ese registro si pagaba por ese servicio. Lo hice y él me dio un recibo donde constaba el pago. A continuación me indicó que regresara dentro de ocho días, con mi suegra y sus dos fotografías de frente.

A los ocho días regresé a la registraduría con mi suegra, y ahí estaba, por fin, el tan esperado papel. En pocos días, doña Flor ya tenía la cédula en sus manos y, acompañada por Emilio, hizo lo necesario para solicitar y obtener su pensión.

❄ ❄ ❄

Seguía estudiando mi bachillerato por la noche, así que mientras encontraba trabajo, y en tanto no estuviera siguiendo algún curso, decidí que emplearía mi tiempo enseñándoles a leer a algunos niños y niñas del barrio que no iban a la escuela, tal como había hecho años atrás.

Le pedí a Emilio que me consiguiera más libros como el que habíamos usado con su mamá y él fue a buscarlos en una librería de libros de segunda. Además de los libros, me trajo lápices, borradores y sacapuntas. Siempre le encomendaba los útiles y materiales a él porque conocía Cali de punta a punta y podía conseguir todo más barato.

Apenas tuve la oportunidad, reuní a cuatro vecinitos que se mantenían por ahí en la calle y me puse a enseñarles. Dos de ellos aprendían rápidamente y a los otros dos no les entraba la información de ninguna manera. Uno de estos, huérfano de madre e hijo de un arriero que consumía bazuco, me señalaba la J o la M mientras me decía «¡La a! ¡La a!». El otro, a quien llamábamos Chavo, aprendía la a y al día siguiente ya se le había olvidado. Aprendiendo o sin aprender, a ellos les interesaba el premio después de cada clase: un banano y un vaso de leche para cada uno.

A mis cuatro alumnitos los disfracé de piratas para que fueran a pedir dulces en Halloween: recorté círculos en un cartón negro y les amarré un cordón para taparles un ojo. Les puse un trapo en la cabeza —haciendo las veces de pañoleta—, y con betún les pinté barba y bigote. Ellos me cogieron tanto cariño, que un día empezaron a decirme «Má». Dos de ellos murieron por asuntos relacionados con el ambiente cruel en el que les tocó nacer y crecer, y los dos que aún viven todavía me dicen «Má». Detrás de cada niño de Siloé había una historia. Como la de Empanada.

Así le decíamos a un niño de cabello rubio, crespo, muy popular en algunos barrios de Siloé, porque cada día salía a vender las empanadas que preparaba su abuela. Era sobrino de un buen amigo de Emilio, y durante muchos años lo vimos ir y venir con su canasta. Sabíamos que no regresaba a su casa hasta haber vendido todo para llevarle el dinero a su abuelita. Una tarde, al salir de la casa de mis suegros, nos encontramos con él ya de unos trece años. Lo saludamos y le preguntamos por su tío, a quien no habíamos visto desde hacía tiempo, y con pesar nos contestó que su tío estaba pasando frío en la «universidad», en Popayán.

Popayán es una cuidad al sur de Cali, y la «universidad» —para los que conocemos esta faceta del mundo— es, en realidad, la cárcel. Nosotros nos quedamos mudos y ni siquiera preguntamos por qué había ido a parar allí. Emilio, que llevaba puesta una chaqueta, inmediatamente se la quitó y se la dio a Empanada con el encargo de que se la entregara a su tío. Además, sacó veinte mil pesos que llevaba en el bolsillo y le pidió que comprara algo rico de comer y lo añadiera al encargo. Le dijo que nos disculpara con él por no visitarlo, pues teníamos mucho trabajo y esperábamos pronto la llegada de nuestro bebé. Empanada se despidió agradecido, repitiendo «Mi Dios se lo pague, don Emilio; mi Dios se lo pague».

El tiempo fue pasando y cada vez que Emilio se encontraba a Empanada, le daba algún billete para la «vaca». En Siloé, entre amigos, acostumbraban hacer «vaca», o sea, reunir dinero entre todos para ir el fin de semana a llevarles arroz chino a los amigos que estaban «estudiando» en la «universidad».

Llegando el término de mi embarazo, estaba también finalizando mi bachillerato. Recuerdo que estaba muy barrigona el día en que nos dieron la noticia de que habían metido a la cárcel al segundo hijo de doña Paty, por homicidio. Ya había perdido al esposo y al primer hijo; ahora estaba perdiendo al segundo. ¿Habría sido diferente la suerte de doña Paty si aquella bala perdida no hubiera alcanzado a su esposo? ¿Habría sido diferente la suerte de esos dos muchachos si su abuelo no los hubiera dejado en la calle?

Como le cogí cariño desde pequeña, me dolió mucho pensar en lo que doña Paty estaría sintiendo en ese momento, y parece que le transmití mi tristeza a mi bebé, pues empezó a patalear fuerte, como nunca había hecho. Por esos días le pedí a Emilio que visitáramos a mi antigua vecina y benefactora para consolarla un poco. Y eso hicimos. Solo le quedaban un hijo y dos hijas. De siete que eran en su familia, ahora eran cuatro. Después de tantas tragedias, luego supe que doña Paty entró a formar parte de un grupo cristiano donde recibió apoyo emocional y espiritual.

Salvo esos pequeños sobresaltos, mi embarazo transcurría bien, mientras Emilio se dedicaba a la construcción de nuestro pequeño apartamento en el segundo piso de la casa de mis suegros, y compraba los muebles básicos: la cama, un armario y un pequeño comedor. Con la ayuda de don Pedro y de uno de sus hermanos, planearon, dibujaron y construyeron, y antes de que yo diera a luz, ya estaba terminado. Pequeño y sencillo, era, sobre todo, nuestro propio espacio. Nos sentíamos contentos de llegar cada día allí.

Mis tres hermanos seguían consintiéndome y trataban de darme gusto con mis antojos. Lo que más comía eran tamales, pues ellos sabían cuánto me gustaban y cuando llegaba el fin de semana se turnaban para invitarme a algún restaurante o a la galería Alameda, donde los preparan deliciosos. Otro antojo frecuente era el de manzana con mantequilla. Me reía mucho al ver la cara de Emilio o de mis hermanos cuando yo picaba la fruta en cuadraditos y después untaba mantequilla en cada trocito. Para mí, la combinación era mágica, aunque terminado mi embarazo dejó de gustarme.

Mis compañeros de escuela nocturna me preguntaban cada día si sería niño o niña, y yo les contestaba que no sabía, pues las ecografías eran caras y no podía pagar una. «¿Y cómo se va a llamar?», querían saber. Les decía que ya tenía el nombre si era niño: Emilio, igual que su papá. Ese nombre siempre me había gustado y se lo pondría feliz a mi niño. «¿Y si es niña?», preguntaban. «¡Pues Emilia!», les contestaba riéndome. Ellos no estaban de acuerdo con el nombre para la niña, y prometieron ayudarme a escoger otro que nos gustara a todos. El de niño tampoco les gustaba, pero lo encontraban aceptable.

Una noche llegué al salón de clases y en el tablero había dos listas de nombres: una de niña y otra de niño. Dije que el nombre de niño no era negociable, así que el profesor, que acababa de entrar, se prestó a colaborar y borró esa lista, dejando solo la de nombres de niña, la mayoría de los cuales eran inventados y rarísimos. El profesor empezó a preguntar a cada alumno para que votara e iba poniendo palitos al lado de cada nombre. Al final, el que obtuvo más puntos fue María Antonia. Me gustó y les prometí ponerle ese nombre si era niña, aunque Emilio y yo estábamos casi seguros de que tendríamos un niño.

Mis compañeros fueron generosos. Después de ayudarme a escoger un nombre, me hicieron un *baby shower*. Una noche llegué al salón de clase y encontré a dos de ellos inflando globos y amarrándolos a las sillas. Luego una compañera trajo un pastel, cucharas y platos desechables, y otra, dos botellas grandes de Coca-Cola. Me quedé con la boca abierta de ver tanto cariño. De nuevo estaba rodeada de gente que organizaba una fiesta para mí, como cuando me celebraron mis catorce años, y di gracias a Dios por lo afortunada que era. Al ver el alboroto, el profesor dijo que la clase quedaba aplazada para el día siguiente, que ese era un momento para compartir y disfrutar, y se unió a la celebración. Entre todos me habían comprado varios paquetes de pañales, ropa y crema para la colita del bebé. Recuerdo con cariño esa noche, pues para todos nosotros el dinero era contado y cualquier artículo de más que compráramos, por pequeño que fuera, significaba un sacrificio que se salía del presupuesto. Ellos hicieron eso por mí: sacaron de su bolsillo para colaborar con los gastos de mi bebé.

Ante la incertidumbre del sexo del bebé decidimos que no compraríamos nada azul ni rosado, y optamos por el verde pastel: una bañera, las cobijas, los baberos y las pijamitas. Hasta compramos un conejo de peluche de ese color. Luego nos reíamos, porque pudimos escoger el amarillo o el blanco, pero no se nos ocurrió.

Se acercaban el día del grado y el día del nacimiento de mi bebé, y en la escuela estaban programando un evento para la graduación, pues sabían el esfuerzo que nos había costado llegar hasta allí. Nos indicaron dónde podíamos alquilar la toga a buen precio, y mis amigas se reían de que yo también pagara la cuota del alquiler, pues decían que no conseguiría una talla tan grande como para que cupiera mi gran barriga. «Ya veremos cómo me la pongo. ¡Aunque sea rasgándola por los lados, pero me la pongo!», les decía riéndome también.

La tarde siguiente al último día de clases empecé a tener contracciones, y le dije a Emilio que pensaba que era hora de ir al hospital. Empacamos en un bolso lo necesario para el bebé, incluyendo un paquete de pañales de los más pequeñitos, y nos fuimos en *jeep* hasta el plano, y luego en taxi para el hospital del Seguro Social.

Por suerte, las contracciones no eran tan seguidas, así que el viaje no resultó difícil. Emilio estaba seguro de que el bebé era un niño y le hablaba a mi barriga: que serían buenos amigos y que lo llevaría a los partidos de fútbol del Deportivo Cali cuando estuviera grandecito. Ya en el hospital llenamos unos papeles en la recepción y me llevaron a una habitación para esperar a que dilatara, y después a una sala de partos.

Por la noche, las contracciones eran más frecuentes, pero la enfermera venía y me decía que todavía no estaba lista. A Emilio le advirtieron que no podía pasar la noche allí, que era mejor que se fuera a dormir y regresara por la mañana. Él se despidió y se fue, pero al día siguiente me confesó que había dormido afuera del hospital, en una banca, porque no tenía dinero para el bus. La noche había sido difícil para ambos, él durmiendo en una banca a la intemperie y yo con unos dolores que me parecía que me harían desmayar. Cuando por fin a la madrugada me trasladaron a la sala de partos, me atendieron una doctora y dos enfermeras, y con sus instrucciones de pujar y respirar, al fin nació la niña.

Cuando Emilio entró, esperaba ver a un niño y noté desilusión en su cara. Le dije que no fuera bobo, que niña o niño era lo mismo, que si lo que quería era jugar fútbol, bien podría hacerlo con la niña cuando creciera. Le conté que yo había sido la futbolista de mi casa y lo bien que le había ido a mi equipo en los campeonatos. Cuando por fin la cargó, vi cómo su desilusión se transformaba en un amor inmenso.

Ese día compartí con Emilio la comida que me dieron en el hospital. Por la tarde, mis tres hermanos vinieron a visitarnos y se quedaron conmigo para que Emilio pudiera ir a la casa a bañarse y a descansar un poco. Le dieron dinero para el pasaje del bus, y además hicieron «vaca» para que luego pudiéramos pagar un taxi de regreso a casa con la bebé. Al día siguiente me dieron la salida del hospital y nos fuimos con nuestra niñita a la casa de mi mamá, que había prometido cuidarme la dieta. Allá nos quedamos quince días, y en adelante me cuidó mi suegra.

La niña había nacido quince días antes de mi grado, ¡y pude ponerme la toga! Ese día la dejé con dos de mis tías maternas, que vivían juntas, y me fui a la ceremonia con mi mamá y con

Emilio. En la escuela me preguntaban «¿Y la barriga?, ¿cómo la escondiste?». Yo les decía «Bobos, ¡la niña ya nació!».

Con el apoyo de mi esposo, de mi familia y de la mano de Dios me gradué, y pude poner esa hoja de papel pergamino que era el diploma en manos de Hernán, tal como había planeado y soñado. Mi mamá estaba contenta, porque también era un logro para ella, y sus ojitos brillaban de alegría. Fue conmovedor ver su carita orgullosa porque iba sacando a sus hijos adelante. Fabián me había prometido cuidarme durante la dieta, y así lo hizo. No es que estuviera todo el tiempo conmigo, pero buscaba la forma de ayudar, ya fuera lavando la ropa para que yo no hiciera esfuerzos o trayendo comida preparada para que no fuera necesario cocinar. Mi mamá y mi suegra también me ayudaban, así que podía encargarme de la niña sin tener que hacer mucho oficio. Creo que todo transcurrió bien y la niña fue creciendo con el amor y los cuidados míos, de Emilio y de toda la familia. Dije «creo», pues, por asuntos que ocurrieron más adelante, muchos recuerdos se me borraron. Por eso guardo como a un tesoro las fotos que tengo de esa época, porque son el reemplazo de mi memoria.

✤ ✤ ✤

María Antonia tenía un año cuando decidí salir de nuevo a buscar trabajo. Era grande mi desilusión cada vez que me preguntaban qué carrera técnica tenía, o si sabía manejar un computador. Pensaba que debía haber escogido bachillerato técnico o comercial, que también ofrecían en el colegio donde estudié, pero nadie me dijo cuál era la diferencia y seguí bachillerato básico. Me dolió el tiempo perdido y consideré seguir estudiando, pero ya casada y con hija, la prioridad era conseguir un empleo. Encontré trabajo como mesera en una sala de ventas de propiedades en un centro comercial al sur de Cali, en el turno de la noche, que cubriría junto con otros dos meseros que ya había allí. Me entregaron un uniforme que constaba de falda negra, blusa blanca y corbatín negro, y empecé. Debía servir agua, café o licor a los clientes, mientras había alguien ofreciendo *resorts*. Al cabo de una semana, la patrona despidió a los dos muchachos, que me habían enseñado a preparar cocteles. La razón que me dio cuando le pregunté fue que prefería trabajar con mujeres. Mi patrona era una señora alta, distinguidísima y elegante, amiga de una reina de belleza de la Guajira a quien le gustaba pasar a hacer visita y a tomar el té de vez en cuando.

Los días en que el local permanecía solo, me tocaba pararme en la puerta para recibir a los clientes. Llegó una época en que empezó a ir más gente, y mi patrona me dijo que necesitábamos a otra persona. Me preguntó si conocía a alguien que pudiera hacer bien ese trabajo y le dije que sí, que tenía un amigo de total confianza.

Le traje a mi esposo.

Me dio pena mentirle, pero necesitábamos el dinero. Yo trabajaba de seis a diez de la noche y Emilio, apenas salía de su trabajo, venía volando para trabajar conmigo de siete a diez. Dábamos lo mejor de nosotros y nuestra patrona siempre nos trató bien. Volvieron los meses en que el salón permanecía vacío, así que tuvieron que cerrarlo, pero gracias a esa sala de ventas conseguí un trabajo ocasional.

Un día, una clienta entró y, después de averiguar lo del *resort*, me dijo «Niña, ¿será que me puedes atender un evento este fin de semana?». Le dije que sí. «Pero quiero que sepa que no soy mesera profesional», añadí. «¿Cómo así? ¿Y ese uniforme?», me preguntó. Le dije que lo que yo tenía que hacer ahí era básico y que antes ya había trabajado como mesera en eventos, pero siempre dirigida. Ella me dijo que no tenía que preocuparme por nada, que me podía enseñar. Era una mujer alta y elegante, con un cuerpo exuberante seguramente logrado en el quirófano, y con el cabello siempre peinado, adornado con rayitos.

Llegó el fin de semana y fui a su casa en un barrio de verdaderos ricos para atender una comida. Había más meseros, pero la señora quería a alguien de confianza para darle instrucciones especiales. Esa vez, al ver una cantidad de tragos diferentes, le dije que no sabía cómo se servía cada uno, y ella dedicó un tiempo a enseñarme. Que el *whisky* se sirve así, primero el hielo, luego el licor; sobre el vino blanco, que la temperatura, que la copa, que la manera de servirlo; para el vino tinto, que limpie la botella, que se abre antes de la comida para que «respire», que se sirve con la copa en la mesa. Para cada licor tuve la clase respectiva.

Como vio que me empeñaba en hacer las cosas bien, me llamó para una segunda ocasión a la casa de mis suegros, donde había teléfono fijo, y me dijo como rogando «Moniquita, ¿será que me puede ayudar a atender un almuerzo?». Yo le contesté que sí, y cuando fui, me encontré con la sorpresa de que no eran sino cinco invitados. Era solo pasar de la cocina al comedor, llevar la comida y las bebidas, durante dos horas.

Desde ese momento, ella y su esposo, un señor ni bonito ni feo pero elegante en su manera de hablar y de moverse, quisieron contar conmigo para todos sus eventos: cumpleaños de los niños, su primera comunión, comidas y fiestas diversas. Siempre me hicieron sentir bien porque me trataban con confianza y cariño, y yo estaba feliz de aprender cosas nuevas, de gente rica, de otro mundo.

Empecé a mandar a los otros meseros. A mí me tocaba cuidar los tragos, porque había algunos muy finos y costosos. La señora me entregaba todas las botellas antes de cada evento, y me daba las indicaciones sobre cuáles eran para cada mesa. Nadie más podía tocar las botellas, y yo les decía a los meseros qué debían llevar y a quién. Y aquí viene lo interesante: aparte de los tragos, ella y su esposo me daban unas cajas de cigarrillos y también una caja llena de tacos de billetes, cada taco de un millón de pesos. Si ahora un millón de pesos es un montón de dinero, ¡en los años noventa era una fortuna! Para el manejo del dinero, me hablaban con señas, en clave: si me mostraban un dedo, era un millón; dos dedos, dos millones; tres dedos, tres millones. Yo envolvía los tacos de billetes en una servilleta y se los llevaba al señor en una bandeja. Era su cajera personal.

Invitaban a sus fiestas a grandes orquestas y a cantantes famosos, así que ahí mismo disfruté de sus conciertos, en palco de honor. Me parecía chistoso ver cómo todas esas celebridades pasaban por mi lado. Otras personas les habrían pedido autógrafos, y hasta los habrían abrazado y besado. A mí no me interesaba eso, los veía como seres humanos que cantaban bonito y disfrutaba de su *show*. En esa época me mostraban tres dedos cuando era orquesta y un dedo cuando era un solista. O sea, tres millones y un millón respectivamente, por un *show* de dos horas. Los cantantes y los meseros siempre querían los tragos más caros, pero ahí estaba yo para evitar que se lo tomaran. Esos eran solo para los dueños de la casa y sus amigos, no para los artistas ni para los empleados. Para que yo abriera una botella, los meseros debían traerme antes la que se había acabado, y así controlaba que no se las llevaran llenas para su casa. Tenía trago caro, trago medio y trago barato. A los artistas les tocaba el del medio.

Mi patrona y su esposo eran personas educadas, con conexiones por todo lo alto, así que, además de artistas nacionales e internacionales, vi desfilar por sus fiestas a reinas de belleza, jugadores de la selección colombiana de fútbol y a muchas otras personas importantes. Como yo sabía a qué mesa llevar trago caro y a cuál llevar trago barato, a las reinas las tratábamos como lo que eran: lo mejor para ellas. Además, eran amigas de mi patrona. Recuerdo que la primera vez que las vi reunidas en torno a una mesa, ellas me miraban y sonreían, y me pregunté si los patrones ya habrían tenido una mesera y cajera de confianza antes que yo.

A veces la señora me decía que llevara Emilio para trabajar como mesero, y él iba. Durante los eventos, apenas nos mirábamos, atentos como estábamos a ese mundo raro, en el que todo nos sorprendía, empezando por la cantidad de guardaespaldas con fusiles que resguardaban la entrada de la casa o de la finca donde se realizaba la fiesta de turno. Había arreglos de flores enormes y decoración tan dorada que no me extrañaría que haya sido de oro de verdad. Ahí conocimos la carne a la llanera, el color del salmón, la popularidad del Baileys y las diferentes edades del *whisky*. A veces nos reíamos, porque para nosotros todos esos tragos no eran sino botellas de alcohol con diferentes etiquetas.

Emilio y yo nunca cuestionamos de dónde sacaban tanto dinero ni por qué necesitaban tanta protección, solo les servíamos. Y una vez que nos íbamos, jamás comentábamos con nadie dónde habíamos estado, y nos limitábamos a decir que teníamos patrones buenos y amables.

Cada vez que la señora me pagaba después de atenderle una fiesta, me regalaba una bolsa con ropa usada, pero que parecía nueva. Todo era bonito, todo de marca. A veces me encimaba zapatos; otras veces, perfumes. También me daba mercado y ordenaba a uno de sus choferes de que me llevara —o nos llevara a Emilio y a mí— hasta la puerta de nuestra casa.

Después de trabajar unas horas entre tanto lujo y elegancia, regresábamos a Siloé. Era como volver desde otro planeta.

Un día me pagaron un millón de pesos. Al día siguiente, Emilio y yo salimos corriendo a comprar camas y pintura para la casa, además del mercado, y todavía nos quedó dinero para guardar. Emilio se espantaba porque me pagaban más que a los demás meseros, que sí eran profesionales, y yo le explicaba que era así porque yo les cuidaba sus cosas. Cuando se acababa cada fiesta, hacía el inventario de todo el licor y se lo presentaba a la señora de la casa, mostrándole el total de botellas, sumando las llenas y las vacías.

Una vez, una famosa cantante con un vozarrón, que tenía el tema de una novela, llegó para dar el *show* de una fiesta en la finca. Era una mujer muy bonita, y su cuerpazo se revelaba a través del pantalón blanco y la blusa ajustada que llevaba. Los hombres estaban fascinados, y ella decidió dedicar sus canciones al señor de la casa, mientras lo miraba y le coqueteaba. ¿El resultado? Recibió su pago de un millón y otro millón como propina. Como la señora de la casa se enteró tanto del coqueteo como de la propina, nunca más la volvió a contratar.

Me alejé de ese mundo, o ese mundo se alejó de mí, cuando me pidieron que nos fuéramos a vivir a Armenia, para trabajar en un hotel de esa ciudad. Para mí estaban bien esas fiestas de los fines de semana, pero sabía que no era un trabajo sobre el que pudiera construir una vida y un futuro estable. Empecé a esconderme de los patrones, dejé de contestarles el teléfono y los mensajes que me dejaban por *beeper*. Y así acabó una etapa más en mi vida, de aventura y aprendizaje.

❀ ❀ ❀

Una tarde estaba recorriendo el Holguines Trade Center, cuando al pasar por un gran salón de belleza vi que salían señoras elegantes, mirando y soplando sus uñas, y mi corazón dio un brinco.

¡Eso es!, pensé de inmediato. ¡Puedo dedicarme a hacer uñas! ¡Aquí hay plata! ¡Voy a ser manicurista! Desde ese momento empezó a dar vueltas por mi cabeza aquella idea, siempre haciendo cuentas: cuánto podría cobrar, cuánto me demoraría atendiendo a cada clienta y cuántas clientas podría atender por día. ¡Estaba realmente emocionada! Nunca me había sentido así respecto de un oficio, esta vez era una seguridad rara y fuerte, como una premonición.

Se lo comenté a Emilio y él me apoyó: si de verdad quería dedicarme a eso, él me patrocinaría pagándome el curso, como regalo por mi cumpleaños número veintiuno.

Ese mismo fin de semana me fui para el centro de Cali, donde hay una cuadra entera de insumos para peluquería y manicura. Entré en un almacén donde un señor me indicó un lugar cercano donde podía inscribirme para tomar los cursos que deseaba, me entregó su tarjeta y me dijo que la mostrara al momento de inscribirme. Cuando llegué y mostré la tarjeta, me cobraron la mitad del precio por ir recomendada. Como me estaba sobrando dinero, decidí tomar también el curso de peluquería en el barrio, pues me parecía mejor aprender dos oficios que uno solo.

Durante seis meses estuve tomando el curso de manicurista en esa academia internacional. Mientras tanto, donde asistía al curso de peluquería, que era el Polideportivo La Estrella, nos hablaron de Solidaridad por Colombia, un programa de la Presidencia de la República creado para apoyar a personas de bajos recursos. Nos dijeron que a todas las que termináramos nos recomendarían en ciertos salones de belleza para que consiguiéramos un trabajo fijo. Nos llevarían en un *tour* que incluía Belleza de Oro, uno de los mejores de Cali, que escogería a una de nosotras, y a las demás les indicarían otras opciones adonde aplicar.

Si me sentía motivada con el giro que estaban tomando las cosas, esa promesa solo me estimuló más.

Al terminar, nos dieron nuestro certificado y nos indicaron la fecha en que se realizaría el *tour*. Llegado el día, me levanté temprano como de costumbre, para llegar a tiempo. El bus se demoró y venía repleto, así que me tocó meterme a la fuerza entre la gente, pues no podía darme el lujo de esperar al siguiente. Una vez en el bus, el tiempo se hizo lento.

Cuando al fin llegué al punto de encuentro, frente a un salón de belleza unisex situado en una esquina de Ciudad Jardín, uno de los barrios más bonitos de Cali, no vi el alboroto que esperaba. Allí debían estar todas mis compañeras de curso, pero no encontré a ninguna. Sentí una desilusión enorme, y empecé a orar y a pedirle a Dios que no me abandonara.

Entré en la recepción del salón de belleza y me acerqué a una señora de unos cuarenta años, bajita y delgada, con ojos claros, pelo rubio perfectamente peinado y maquillaje suave. Era la belleza en pasta.

La saludé y le pregunté si ya habían llegado mis compañeras a dar el *tour*, y ella me informó, con su voz dulce y delicada, que sí y que ya se habían ido. Sintiendo un vacío por dentro, le agradecí y me despedí, dispuesta a regresar a casa. Ella me atajó:

—Venga, ¿usted quiere aprender de todo lo que hacemos aquí?

—¡Sí, señora! —respondí.

—Listo —me dijo—, empiezas hoy. Me gusta tu aura.

No sabía de qué me estaba hablando, yo solo sonreía porque estaba nerviosa y, ante todo, feliz. Me preguntó mi nombre y me dijo que ella se llamaba Isabel. En mi mente, le agradecí a Dios por haberla puesto en mi camino. O a mí en el suyo. El salón de belleza era hermoso. Tenía ventanales de pared a pared, de manera que todo era luminoso. El piso era de baldosas blancas y brillantes, los sillones en la sala de espera también eran blancos y las estaciones de trabajo de cada peluquera no podían ser de otro color. Al fondo vi a las manicuristas y sentí una emoción profunda. ¡Eso es lo que quiero hacer! ¡Uñas!, me dije.

Doña Isabel me mostró todo. Aparte de las secciones de peluquería y manicura, había un estudio de fotografía. Cuando terminamos, ella se alejó para hacer una llamada para avisar que ya tenía su aprendiz. Agradecida con mi suerte, le pregunté cuál sería mi horario y cuándo podía empezar, y ella me respondió que inmediatamente.

Sabía que podía dejar a la niña con mi suegra y con todas sus tías políticas para ir a trabajar, así que no dudé ni un segundo en aceptar. Todas esas mujeres viendo novelas ahora me ayudarían a cuidar a María Antonia. Ya buscaría la forma de pagarles después el enorme favor que me hacían.

«Tú eres una negra linda y te quiero poner más linda», me dijo doña Isabel. Me preguntó si podía hacerme un corte y le respondí que sí. Ella me explicó que el cabello —no pelo— no debía llevarse tan largo y sin forma (el mío me llegaba a la cintura), así que me hizo sentar, me puso una capa y comenzó a cortarlo. Al final, todavía estaba largo, pero ahora lucía elegante, pues tenía un corte.

Después me preguntó «¿Te puedo hacer rayitos?». «Sí, señora, ¡haga lo que quiera conmigo!», le respondí. Empezó a preparar el tinte que me pondría de inmediato. Por esa época estaban de moda los rayitos, y doña Isabel estaba feliz de ensayarlos en un cabello virgen, que nunca había sido decolorado ni teñido.

Cuando terminó, yo no podía parar de mirarme en el espejo. Estaba transformada, y me parecía mentira que esa fuera yo. Cuando le di las gracias, me respondió «Todavía no me agradezcas, Moniquita, no hemos terminado. Mañana seguimos». Esa tarde me compró ropa, no uniforme. Yo era la única que no tenía uniforme en ese salón de belleza.

Al día siguiente continuó mi transformación. Ahí me di cuenta de que me habían «bajado de la loma con espejo», ese era el dicho que utilizábamos para dar a entender el sentimiento de una niña que acababa de llegar a la civilización. ¡Yo no sabía nada de nada! Doña Isabel dio indicaciones a dos de las señoras que trabajaban ahí, y yo observaba cómo se emocionaban con su obra, como si estuvieran sacando una escultura de una piedra cuadrada: me depilaron las cejas (antes era uniceja), me afeitaron el bigote y también las piernas. Tenía las uñas de las manos y los pies bien arregladas, pues ya sabía cómo hacerlo, aun así, me cortaron las de los pies, porque la moda en Siloé era tenerlas largas, pero allí me dijeron que era más bonito tenerlas cortas. No veía la hora de llegar a casa para contarle a Emilio y que me viera.

Al final, ¡era otra! Ya no parecía de la loma. Me sentía hermosa y elegante, y en casa todos, el primero Emilio, estaban sorprendidos con mi cambio extremo.

Desde el primer día empecé a pararme al lado de doña Isabel para aprender cómo cortaba y peinaba el cabello, y cómo maquillaba. ¡Era una artista! Cuando recordé lo que me había dicho del aura, aproveché un momento de descanso para preguntarle. Ella sonrió y me dio una cátedra completa sobre las energías. Me dijo que las personas tienen energía buena o mala, y que ella podía percibir eso inmediatamente. Que además de sentir las vibraciones, podía ver el aura, o sea una luz alrededor de cada persona, y dependiendo del color que «veía», podía saber sus cualidades o defectos. Había visto la mía de color violeta, así que estaba segura de que yo era una persona confiable y sincera. Le dije que estaba absolutamente en lo cierto y que siempre trabajaría con muchas ganas para hacer todo mejor que bien, a lo que ella respondió, siempre con su tonito cantarín, «Así no se dice, Moniquita, se dice "bien" o "muy bien", no "mejor que bien"».

Doña Isabel se empeñó en darme clases de cómo hablar y cómo expresarme, así que seguía mi transformación. Todo el tiempo me corregía, y para mí era como si estuviera aprendiendo otro idioma. Me decía «Así no se dice», y me hacía repetir la frase de la manera correcta. Luego yo seguía repitiendo las palabras en mi mente para que no se me olvidaran. En mi casa bromeaban diciendo que yo no era Mónica, sino una doble o una impostora, por todos los cambios que veían en mí. A mí, por mi parte, me encantaba pensar que estaba mejorando en todo sentido, hasta en la forma de hablar.

En el salón de belleza aprendía mientras observaba y ayudaba. Lavé con champú el cabello de los clientes antes de que pasaran por el corte a manos de doña Isabel. También hice de asistente de fotografía: preparé reinas de belleza, vestí modelos, ajusté luces. Y asistí en sesiones de reflexología y masajes. Conocí a modelos famosas, unas hermosas, otras no tanto, cada una con su encanto; todas con cuerpos hermosos, cabellos brillantes, ropas, zapatos y joyas que seguramente costaban una fortuna. Entre las más famosas, recuerdo a Natalia, una paisa pequeñita, rubia y linda. Ella también hablaba cantadito, creo que venía de la misma ciudad que doña Isabel. A pesar de que siempre salía bien en las fotos, era mejor en persona.

Una señora que trabajaba en Solidaridad por Colombia, doña Leonor, persona muy reconocida en Cali por su labor social, se acercó un día al salón de belleza para preguntarle a doña Isabel cuál era la «niña de Siloé», pues quería conocerme y saber cómo me estaba yendo. Doña Isabel me presentó a doña Leonor y ella inmediatamente me demostró cariño. Era una mujer mayor, de unos setenta años, con un color de pelo que yo nunca antes había visto, blanco-lila, que la hacía ver supremamente elegante. Siempre vestía con traje y zapatitos de tacón. Digo «zapatitos» porque noté el pequeño tamaño de sus piecitos. Me gustaba su estilo y empecé a pensar que de viejita me vestiría como ella y tendría una pensión, igual que mi suegro. Qué vida tan agradable para una persona mayor, haciendo obras sociales sin tener que preocuparse para pagar las cuentas de la casa. Por eso sería que ella y doña Isabel parecían caminar sobre nubes, sonrientes, pacientes y sin afanes.

Cuando llegó el viernes pregunté por mi pago, y doña Isabel me informó que yo estaba allí como aprendiz, no como empleada. Se disculpó de muchas maneras, diciendo que eso era lo que le habían pedido los de Solidaridad por Colombia y que nunca le indicaron que debía contratar a la elegida de entre las que habían tomado el curso, y que por favor perdonara el malentendido.

Por increíble que parezca, mi patrona —estrato mil— no se daba cuenta de mi situación ni de que yo estaba allí por necesidad. Desde hacía una semana le pedía dinero para el pasaje a Emilio, y estaba a punto de regresar a casa con las manos vacías. Con tristeza y coraje, respirando profundo para que no se me notara tanto la desilusión, le dije a doña Isabel que no podía continuar yendo al salón, pues tenía familia y necesitaba dinero. Me preguntó qué sabía hacer y le contesté que era manicurista, mostrándole el carnet que siempre llevaba en mi bolso, así que me prometió la oportunidad de trabajar en esa sección de su salón de belleza a partir de la semana siguiente, donde se pagaba por comisión, es decir, por cliente atendido. Recobré la fe perdida un rato antes y me fui con los bolsillos vacíos, pidiéndole a Dios que me preparara muchos clientes, pues parecía que pronto empezaría a trabajar de verdad, con pago incluido.

Las manicuristas me explicaron cómo se trabajaba allí, y como yo ya había tomado el curso, me sentía preparada y lista para empezar. Poco a poco me «soltaron» clientes, tanto hombres como mujeres, y yo, confiada y sin miedo, fui atendiéndolos.

Doña Leonor, la señora de Solidaridad por Colombia, supo que yo estaba de manicurista y se dedicó a mandar a sus amigas al salón de belleza para que preguntaran por mí y yo las atendiera. Ellas quedaban contentas y a veces me dejaban propina. Así fue como perfeccioné mi oficio de arreglar uñas en uno de los salones de belleza más exclusivos de Cali.

Mis compañeras de trabajo, todas mayores que yo, se habían mostrado amables conmigo, pero de un momento a otro empecé a notarlas serias —o celosas— y dejaron de hablar frente a mí. Un día, una de ellas me confesó que creían que yo era una «espía» de doña Isabel, pues nunca habían visto que se dedicara a pulir de esa manera a ninguna empleada, y además les parecía raro que siempre hablara conmigo en su oficina y a puerta cerrada. Les expliqué a todas que yo venía de la loma de Siloé, que en el salón de belleza me estaban enseñando hasta a hablar y que lo de la puerta cerrada era porque a doña Isabel no le gustaba que la interrumpieran. Les dije que por eso eran tan especiales doña Isabel y doña Leonor, pues querían hacer caridad con alguien y me habían adoptado a mí para ese propósito. No sé si me creyeron, porque nunca volvieron a ser las de antes, aunque poco a poco volvieron a tomarme alguna confianza.

Con el dinero que ganaba me alcanzaba para colaborar en casa con las cuentas y para pagarle a María Antonia una guardería, pues no siempre tenía quien me la cuidara.

Trabajando en el salón de belleza empecé a relacionarme con gente de otro nivel. Como mesera me había tocado atender a esa gente, pero no había mucha interacción. Aquí sí hablaba con mi patrona, con mis compañeras y con todos los clientes que empecé a atender.

Siempre he tenido abundante cabello, y doña Isabel no tardó en preguntarme si estaba dispuesta a prestarle mi cabeza para peinarme, tomarme fotos y participar en concursos. Acepté, por supuesto, y en los ratos en que no había clientes, ella me hacía peinados para después tomarme fotos desde diferentes ángulos. Esas fotos fueron enviadas a diferentes concursos y un día recibimos la noticia de que habíamos ganado el ¡Paul Mitchell! Recibimos gran cantidad de productos para el cabello y publicidad para el salón de belleza de doña Isabel. Hasta hicimos un álbum con todas esas fotos y lo pusimos en una mesa junto con las revistas de cortes y peinados en la sala de espera. Me sentía orgullosa de ser la modelo en ese álbum tan bonito, y mi corazón brincaba cada vez que veía a alguna clienta hojeándolo.

Doña Leonor me mandaba almuerzo con su chofer, y él me preguntaba cuál era mi parentesco con ella. Yo le contestaba que no lo teníamos, que la acababa de conocer, pero no me creía. Con ella y con doña Isabel seguí aprendiendo a relacionarme con gente distinta a mi familia, con otros modales, otras costumbres, otro estilo de vida. Ellas querían apoyarme para que mi nivel de vida mejorara y lo consiguieron.

❉ ❉ ❉

Al final de cada tarde regresaba a la loma, aquella comuna de barrios marginales donde el mundo era otro: no más *glamour*, no más modelos, no más señoras elegantes. Volvía a la realidad de mi barrio y de mi gente, donde abundaban la pobreza y la necesidad, asuntos que vienen de la mano con la violencia y las drogas.

Muchos de los habitantes de invasión son desplazados que han llegado huyendo de los conflictos —relacionados con la guerrilla y el narcotráfico— en el campo y en pueblos. Lo triste es que han salido de un ambiente pesado para meterse en otro. Entre barrios marginales suele haber líneas divisorias definidas por pandillas armadas que controlan cada zona. Crecemos conociendo esas líneas imaginarias, de manera que nuestro radar interno nos dice adónde podemos ir y adónde no, por cuál barrio podemos pasar y por cuál no, cuáles niños pueden ser nuestros amigos y cuáles no. De adultos sabemos con precisión qué umbrales se pueden pasar y cuáles están prohibidos.

Una vez conocimos a un tipo de unos veinticinco años que vino desde otra ciudad y se instaló en la casa de un par de hermanas, mamás solteras que vivían juntas. El tipo supuestamente las mantenía. Era grandote, hablaba duro, se hacía notar, y se regó la voz de que venía decidido a manejar una zona de Siloé. Como sabía que no lo lograría por las buenas, empezó a matar, uno por uno, a los muchachos del barrio que no estuvieran de su parte. Esa fue la manera como consiguió entrar y quedarse, imponiendo el terror.

Lo que ese tipo no sabía era que ya había otro más viejo y más bravo que él, que, una vez enterado, lo buscó y lo enfrentó en la puerta de su casa, a plena luz del día, y allí mismo lo mató. Fue a dejar bien claro que no permitiría que siguieran destruyendo su barrio. Por comentarios de vecinos supimos que mis hermanos se habían salvado del tipo aquel, pues «los hijos de Belinda» estaban en su lista.

Las dos hermanas con las que vivía el tipo hablaban de un buen trabajo en el Cauca donde había plazas disponibles. Reunieron a otras tres muchachas y las cinco se fueron juntas a trabajar de «raspachines». Así se les dice a los que cosechan hojas de coca. Mandaron a alguien a invitarme, pero les contesté que no quería alejarme de mi familia, por no decirles que ni loca me metería en un trabajo tan peligroso. A pesar de que el pago era bueno, el trato que les daban, no. Aun así, a los pocos meses regresaron llenas de plata, bien vestidas y cada una con moto. Después sus hijos siguieron el mismo camino y se volvieron «traquetos». Mi mamá nos insistía en que no debíamos hacer amistad con ellos, pues «El diablo es perro», decía, y no quería que nos viéramos tentados por el brillo de ese dinero que se conseguía tan rápidamente. Si queríamos llegar a tener nietos, según ella, no podíamos meternos en negocios de droga, porque existe el dicho de que «Ningún traqueto llega a viejo». Mi mamá siempre seria, siempre con su cantaleta, que bien valió la pena.

Todas las noches antes de dormir, le pedía a Dios que nos permitiera algún día salir de Siloé, pues nunca acababa de acostumbrarme a la violencia que se vivía allá y no quería que mi hija creciera viendo lo que yo había visto y viviendo lo que yo había vivido. Deseaba verla crecer en un barrio tranquilo.

A solo una cuadra de mi casa habían matado a puñaladas a un amigo al que yo le decía «Antonio Banderas», porque le encontraba parecido con ese actor. Siempre bien vestido, de ojos grandes y cejas pobladas, sonrisa de Hollywood. Era buena persona, amable y chistoso, y pagó con su vida el error de vender drogas. Se movilizaba en moto y era el que surtía al barrio. Viéndolo, podría haberse dicho que era un delincuente más, pero para quienes lo conocíamos, era casi un héroe, pues robaba medicinas de las farmacias para el tratamiento de su novia, que sufría de artritis. Una vez venía huyendo de la policía y tocó a la puerta de mi casa. Cuando le abrí, entró a las carreras, me pidió que cerrara y que por ningún motivo abriera, y yo le obedecí mientras él escapaba por una ventana. Al otro lado de la puerta estaba la policía, y solo le abrí después de mucho golpear. Ellos solo me regañaron, pues no tenían ninguna prueba de que yo lo hubiera ayudado. Ese muchacho era muy de buenas, y decían que era porque se hacía brujería y estaba «rezado». Cuentan que a los que están rezados nunca los alcanzan las balas, y si alguna lo consigue, nunca es fatal. La única forma de que muera un rezado es si es apuñalado, y así fue como terminó él.

Después de tantos finales tristes, de tantas personas cercanas muriendo de forma violenta, una cree que puede llegar a acostumbrarse, pero no. Cada muerto duele, incluso si no es familiar ni amigo. El solo hecho de que sea vecino hace que una sienta que la muerte está cerca.

Hay creencias fuertes en lugares como Siloé.

¿Quiere plata? Vaya donde una bruja. ¿Quiere salud? Vaya donde una bruja. ¿Quiere a un hombre? Vaya donde una bruja —o brujo—, con el nombre y la foto tendrá su trabajo asegurado.

Así remediaban sus carencias algunas personas de la loma, y visitaban al brujo del barrio, que leía el tarot, el tabaco o el chocolate; y hacía amarres, brebajes, curas y arreglos. Uno de los servicios que más le contrataban era el ritual de protección para «cerrar el cuerpo». Esos eran los que nunca morían, que siempre saldrían bien librados de las balas, y si alguna vez se enfermaran, sería porque les habían hecho otra brujería, así que debían visitar de nuevo al brujo para conseguir la contra.

Mi hermano Adalberto quería alejarse de su novia, pero no lo lograba. No era capaz de dejarla y se sentía cada vez más dominado. ¿La respuesta del brujo? Que le habían hecho un amarre, el cual debía estar en alguna parte alta de la casa. Mi hermano buscó por todas partes, hasta que encontró una pequeña bolsa con tierra supuestamente del cementerio, la cual debía botar en un río, de espaldas, sin mirar dónde caía. Cuando lo vi hecho un manojo de nervios y supe lo que andaba pensando, le dije que no fuera bobo y tirara la bolsita a la calle, porque, para mí, estaba llena simplemente de cal. «¡Si quiere dejarla, déjela y no se ponga con bobadas!», lo regañé.

¿Y por qué todos creían en brujería? Por el chocoano, que tenía la barriga hinchada. Era un señor que trabajaba como albañil y de repente empezó a enfermarse. Al principio se veía más delgado y demacrado; después fue creciéndole la barriga. Le aconsejaron que acudiera al brujo para que deshiciera la maldición que le habían hecho —seguramente en el Chocó, antes de venir a Cali—, pero ya había dejado pasar mucho tiempo y murió. Decían que durante la autopsia le habían encontrado un sapo en el cuerpo. Ahí sí se asustaron todos lo que creían, y hacían fila para comprar «la contra», o sea el purgante que vendía el brujo del barrio, para sacar toda clase de animales del interior de las personas. Triste lo del señor, claro. ¿Pero no sería que le dieron larvas de sapo o un renacuajo en una bebida oscura y el sapo creció y se deshizo en su barriga? Eso era maldad, no brujería, pero, mientras tanto, los brujos se llenaban los bolsillos, cobrando hasta un millón de pesos por «una limpia», que no era más que un laxante comprado en una farmacia, vuelto a envasar en frascos de diferentes colores, para curar cada tipo de maldición.

Había en el barrio un señor que parecía retardado. Decía su esposa que, por solo cincuenta mil pesos, ese hombre que antes era mujeriego y callejero, ahora la obedecía en todo. «La magia» la hacían unas gotas que debía poner diariamente en su bebida, según indicaciones del brujo. Él iba como un zombi, siempre detrás de ella, que se mostraba orgullosa. Después hizo lo mismo con su hijo, que supuestamente era otro vagabundo. La mujer y su nuera andaban felices, y los hombres con la cabeza gacha, totalmente sometidos, seguramente gracias a alguna medicina psiquiátrica de esas que se compran sin receta.

❀ ❀ ❀

Mi abuelita Yamile vivía con dos de sus hijas, que la cuidaban lo mejor que podían, pues ambas trabajaban para conseguir el sustento diario. Aquella india hermosa que me peinaba y me contaba historias cuando era niña, era ahora una anciana y estaba enferma. Ya no podía valerse por sí misma, y quise retribuir su cariño visitándola, peinándola y consintiéndola.

Cuando ella estaba decaída, trataba de ir todas las tardes con María Antonia, y allá le cocinaba lo que le gustaba y le hacía masajes en sus piernitas. A veces ensayaba maquillaje en ella para distraerla, la «pintoreteaba», le mostraba el resultado en un espejo y nos reíamos. Después le limpiaba el maquillaje y me parecía que en cada una de sus arrugas guardaba una historia. Siempre disfruté de sus historias, aunque me repitiera las mismas una y otra vez. Siempre la vi bella, y cuando iba llegando al final de sus días, aún más. Llevaba dos semanas yendo a verla diariamente, pues la veía cada vez más ancianita y decaída. Cuando no tenía dinero para el pasaje del bus, le pedía a Emilio. A veces él tampoco tenía, pero me lo conseguía y me lo entregaba con gusto, porque sabía lo importante que era mi abuelita para mí. Ella me estaba llevando la cuenta de cuántos días seguidos había ido a verla, y me dijo que dejara de ir por un par de días, pues sabía que vivía lejos; me dio la «orden» de descansar. Insistió en que se estaba sintiendo bien. Le hice caso. En la madrugada del segundo día, recibí una llamada: era una de mis tías, informándome de su muerte. Sé que desde el cielo me cuida, junto con otros ángeles que tengo allá. Ese cuidado tiene algo de mágico.

❊ ❊ ❊

Adalberto salió a mi papá, que, aparte de taxista, era cantante. Nació con vena de artista y no le daba pena presentarse en público. De pequeño decía que iba a ser mago, pues era el *show* que más le gustaba en las fiestas infantiles, y nosotros nos reíamos, sin tomárnoslo en serio. Nos parecía que ese trabajo era de gente famosa y no se nos ocurría cómo él podría llegar tan alto. Hubo un tiempo en que, siendo aún un muchacho, salía a trabajar y regresaba tarde. No le daba muchas explicaciones a mi mamá, y era porque estaba tomando clases de ilusionismo y magia. Después de mucho estudiar y practicar, empezó a trabajar como mago en fiestas infantiles, sin que nosotros supiéramos nada.

Un buen día en que celebrábamos el cumpleaños de la niña de Hernán, nos sorprendió con un *show* que empezó con cartas, siguió con apariciones y desapariciones de flores y de una paloma de su sombrero negro, y terminó haciendo salir fuego de su billetera. Todos estábamos emocionados y orgullosos de él. De nuevo vi brillar los ojitos de mi mamá, como cuando nos graduamos. Tener un hijo mago profesional era un nuevo logro para ella. María Antonia iba creciendo y se parecía más a mí que a Emilio, pues su cabello negro ondulado hacía que nos viéramos igualitas. A veces recibíamos la visita de alguna amiga o amigo que venía a conocer a la niña o a traerle algún regalito.

Un sábado llegó Susana, una compañera que se había graduado en la escuela nocturna conmigo, acompañada de un amigo suyo, también de Siloé, trayendo un osito de peluche como regalo para María Antonia. Acababa de bañar a la niña y, como siempre, me había quitado la argolla de matrimonio y la había puesto encima del armario, pues temía que se me fuera por el sifón. Cuando Susana y su amigo se retiraron, me di cuenta de que mi argolla no estaba donde la había dejado. Traté de no pensar mal y la busqué por todas partes, pero no la encontré. Decidí llamar a Susana y preguntarle si la había visto, a lo que ella me respondió «Uy, Mónica, este amigo mío es tremendo ladrón, qué pena con vos. Déjeme, yo lo busco y le digo que se la devuelva». Le dije que esperaría su llamada y que no le diría nada a Emilio por ahora, para evitar problemas. Me quedé tranquila, porque Susana me había prometido encargarse del asunto.

Emilio se dio cuenta pronto de que me faltaba la argolla, y tuve que contarle lo sucedido. También le hablé de la promesa de mi amiga, de que ella me llamaría apenas la recuperara. Con el pasar de los días y la ausencia de su llamada, decidí llamarla yo. Las primeras dos veces me dijo que su amigo aún no se la había devuelto. La tercera, que me olvidara de «la bendita argolla», que a su amigo lo habían sorprendido robando en una casa, y si bien salió corriendo, lo alcanzaron y lo mataron a machetazos, por ladrón.

Con argolla o sin argolla, ser mamá me cambió la vida. Ahora, de casada y madre, mi prioridad era María Antonia, que empezó a padecer ataques de asma. Cuando pasaba mala noche, me desvelaba cuidándola y al día siguiente me dolía despegarme de ella para ir a trabajar. El pediatra que la atendía en el Centro Médico Club Noel, siempre que se la llevaba, me daba muestras gratis de las medicinas y me repetía cómo debía cuidarla. Todas esas idas al médico, me hicieron tomar la decisión de retirarme del salón de belleza para pasar más tiempo con María Antonia.

Mi trabajo no solo me había permitido ganar dinero y dado un agradable ambiente laboral, también me había enseñado mucho y ya me sentía preparada para «volar» sola. Me consideraba una experta manicurista y estaba segura de que, con mi oficio, podría sobrevivir. «Dios proveerá», me repetía para darme ánimo. Algunas clientas del salón de belleza me decían que las llamara para atenderlas por fuera, pero nunca lo hice, porque estaba agradecida con doña Isabel; no quería quitarle su clientela.

Cuando hablé con ella y le expliqué mi situación, reaccionó de una manera que no esperaba: se enojó. Pero yo estaba decidida y no podía dar marcha atrás. Dos días después de haber hablado con doña Isabel, y de sentir todo ese tiempo su enojo cada vez que pasaba por mi lado, recibí mi pago de la quincena y me fui para no volver. Después de trabajar allí por más de un año, fue triste salir de esa manera; hubiera querido darles un abrazo y unas palabras de agradecimiento a todas esas señoras que me habían brindado su cariño, y en especial a mi patrona, que me había abierto las puertas de su negocio, pero no se dio el momento. Después me buscaron para pedirme que regresara, pero yo ya estaba en otra etapa de mi vida, luchando de manera independiente.

Como había planeado, me dediqué a María Antonia, así que la retiré de la guardería. Enseguida les informé a todos mis familiares que estaba empezando mi propio negocio y les pedí que me recomendaran con sus conocidas, jefas y patronas, para formar una clientela. Un sábado me fui con Emilio al centro de Cali para comprar esmaltes de todos los colores y me puse a ensayar con todas las mujeres de la familia. Algunas tenían las uñas de los pies tan largas como las había tenido yo, pero se las corté, explicándoles que eso era mejor por estética y por salud. También les arreglé las uñas a los hombres, y algunos las tenían más largas que las mujeres. Todos quedaron contentos con mi trabajo y me dieron su aprobación. Ahora solo tenía que esperar a que me llamara la primera clienta de verdad.

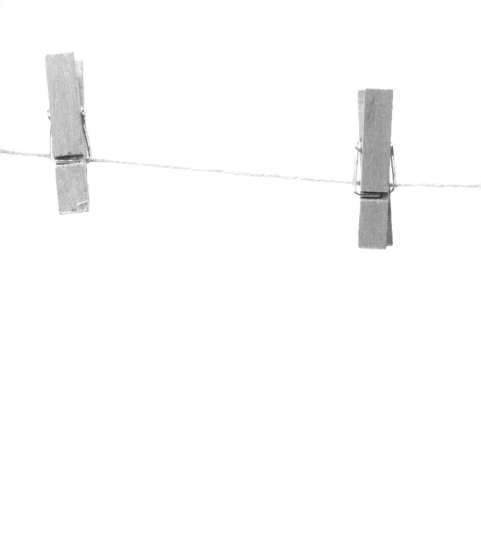

Estrato dos

Fue doña Amparo quien me dio mi primer trabajo picando verduras, luego me recomendó para el empleo en el almacén Melsy y ahora me recomendaba con mi primera clienta. Ya le había hablado de mí a una amiga suya y me mandó su número de teléfono con mi mamá. Llamé, hicimos la cita, apunté su dirección y me fui nerviosa y contenta, con mi bolso de trabajo, para su casa, en Ciudad Jardín. La clienta era doña Silvia, ¡una de las señoras que yo atendía en el salón! Creo que nunca había entrado en una casa tan grande y tan bonita, con corredores largos, comedor de diez puestos y pisos relucientes, cuadros de santos y ángeles con su aro luminoso en las paredes, patios con fuentes de agua en el medio, materas gigantes con plantas ornamentales y, en la parte de atrás, un solar lleno de árboles de diferentes tamaños. Desde ese día empecé a maravillarme de las casas de mis clientas y empecé a soñar con tener, algún día, una casita propia.

Doña Silvia me dijo que últimamente no se sentía bien de salud como para ir al salón de belleza y quería que la atendieran en su casa. Así lo hice y ella quedó contenta. Acordamos que regresaría cada semana, el mismo día, a la misma hora. Además, me recomendó con una amiga suya, así que ya tenía dos clientas por semana. Al principio fue difícil no contar con un sueldo fijo, pero estaba segura de que estaba haciendo las cosas bien y que tarde o temprano vería los frutos de mi esfuerzo. Para ir a atender a mis clientas, dejaba a la niña con mi suegra y trataba de regresar lo más rápido posible.

Tenía que pagar el pasaje del *jeep* para bajar la loma y luego tomar uno o hasta dos buses para llegar hasta donde mis clientas. Lo que ganaba se me iba en el transporte de ida y de venida. Me daba tristeza regresar a casa sin dinero, y entonces me ponía a orar y a pedirle a Dios que me diera más clientas, pues yo ya había hecho cuentas y planes, y eso era lo único que me faltaba. No me quedaba ni un peso, pero no desfallecía, porque contaba con el apoyo de Emilio. Él me tranquilizaba y me decía que mientras conseguía más clientas, él seguiría encargándose. Su apoyo fue crucial, pues nunca me hizo ningún reclamo por falta de dinero. Hacíamos cuentas juntos para decidir qué podíamos comprar, qué podíamos pagar y qué debíamos dejar para después.

Mis dos primeras clientas me fueron recomendando con otras, y luego otras. En un año, después de mucho subir y bajar la loma, ya contaba con todas las que necesitaba. Me quedaba en Cali todo el día, yendo de casa en casa, así que no tenía que estar subiendo y bajando la loma como al principio, cuando solo eran dos o tres clientas. Solo al final de cada día regresaba a casa para comer y estar con la niña.

Llegó el momento en que se me juntaron varias citas para el mismo día y a la misma hora, así que empecé a preguntarles a mis clientas si podía mandarles a alguien más, de mi entera confianza. A pesar de que les insistía en que trabajaban igual que yo, ellas me decían que no, que preferían esperar a otro día u otra hora que yo tuviera disponible. Entendí perfectamente eso, pues había creado un vínculo especial con cada una, y ese vínculo no era fácil mantener si me reemplazaba otra persona. Tenía que acomodar mi tiempo para poder atenderlas a todas. Había semanas en que mi calendario estaba lleno de lunes a domingo, muchas veces hasta las siete u ocho de la noche. Era duro, pero no me quejaba. A cada clienta la atendía con la misma sonrisa y con idéntica paciencia. A cada una, con el mismo ritual que a la anterior. Cada una me ofrecía un cafecito, así que había días en que rezaba porque me ofrecieran más bien una limonada. Si no me ofrecían nada distinto, llegaba a tomarme hasta cinco o seis cafecitos en un día. Lo bueno era que muchas lo acompañaban con pandebono, pan o hasta chontaduros. Hambre nunca he pasado trabajando en este oficio que amo.

Volví a matricular a la niña en la guardería. Si algún día terminaba temprano, la recogía para estar más tiempo con ella. Cada vez organizaba mejor mi calendario, por día, por zona, para que me rindieran más el tiempo y el dinero.

Así fueron pasando los años, y mi bella María Antonia seguía creciendo. Cuando iba a cumplir los cuatro años, quedé embarazada de nuevo. Hernán ya tenía una niña y un niño, y Adalberto tenía un niño. Aumentaba la descendencia de mi reina madre.

Para la época en que quedé embarazada del niño, ya pensaba, actuaba y funcionaba diferente a como lo hacía antes. Si necesitaba comprar algo, averiguaba cuánto costaba y calculaba cuántas clientas debía atender para reunir el dinero. Ya había comprobado que la plata estaba afuera y había que salir a buscarla.

Apenas supe que estaba embarazada, averigüé cuánto costaba una ecografía y reuní el dinero para ir a hacérmela. Ya con cuatro meses de embarazo, pedí la cita y le dije a Emilio que pidiera permiso en su trabajo para que me acompañara, y llevamos también a María Antonia. Todavía recuerdo la emoción que sentimos al ver la imagen del bebé en esa pantalla, y aún más cuando nos dijeron que era un niño. ¡Con razón no se quedaba quieto! Mientras lo observábamos, no dejaba de mover sus bracitos y piernitas. ¡Se nos salían las lágrimas de felicidad!

Yo ya estaba cerca de cumplir los nueve meses de embarazo y no sentía contracciones ni nada que indicara que el bebé estaba pronto a nacer. Lo que sí sentía era que se movía violentamente y no me dejaba dormir. No había posición en que me permitiera descansar, así que después de dos noches difíciles fui a la Clínica de la Familia. El doctor me examinó y, mientras me decía que el bebé estaba muy «amañado» en mi barriga y no tenía la postura cabeza abajo de cuando están listos para nacer, me desmayé.

Tuvieron que realizarme una cesárea de emergencia. Cuando llamé a Emilio para contarle que el bebé ya había nacido, él quiso venir de inmediato, pero su jefe en esa época, un señor llamado Lucio, no le permitió salir. Pronto llegaron mi mamá y Panadero, que se identificó como el padrino, así que los dos pudieron acompañarme y ver al bebé mientras llegaba Emilio.

Para Santiago teníamos la ropita verde que habíamos guardado de María Antonia y también habíamos comprado ropa de color azul. Era grande y gordo, y me pareció hermosísimo desde el primer momento en que lo vi. Cuando llegó mi esposo, noté que brillaba de alegría. Me acordé de lo del aura y me reía viéndole el aura o el brillo a Emilio.

Yo tenía claro que quería que el bebé se llamara igual que su papá, y nunca esperé un nombre distinto. Cuando vinieron unas personas del hospital para registrarlo, Emilio llenó los papeles y por nombre le puso Santiago, ¡sin consultarme! Tampoco le consulté cuando me pidieron que también firmara el papel, y al lado de Santiago, escribí Emilio. Así que quedó registrado como Santiago Emilio. Cuando mi esposo se dio cuenta, me hizo el reclamo y le contesté que no lo aceptaba, pues él sabía que en todo momento había querido ponerle Emilio a nuestro bebé, así que más bien debía agradecer que yo no hubiera tachado el nombre de Santiago, sino que lo dejé y solo añadí el nombre que yo quería. Todos habíamos ganado.

Dos días después del nacimiento de Santiago, Emilio se encontró con Fermín, mi primer novio, su amigo de juventud, a quien no veía desde hacía muchos años ni le hablaba desde la pelea en el servicio militar. Conversaron, se contaron sus vidas, y ya los dos casados y con hijos, volvieron a ser amigos. Fermín le dijo que pensaba igual que años atrás, que era muy de buenas, y lo felicitó por tenerme a su lado.

María Antonia se mostró celosa al principio, al ver que no me despegaba del bebé, pero yo le explicaba que su hermanito había llegado para hacernos compañía y solo debía esperar un poco a que creciera para que pudieran jugar juntos. Otras veces le decía que era nuestro muñequito de verdad y que debíamos cuidarlo entre las dos. Ya con mis palabras se fue tranquilizando, lo fue aceptando y empezó a disfrutarlo hasta convertirse en su hermana grande y protectora. Ahora se adoran y se apoyan en todo. Igual que mi mamá, siento que cumplí con lograr que siempre fueran unidos. Además son apegados a mí y eso me gusta.

❀ ❀ ❀

Santiago estaba próximo a cumplir un año cuando doña Flor me vio empacando mis cosas y las de los niños. Me preguntó qué pasaba y le contesté que estaba cansada de quedarme esperando a Emilio los fines de semana, porque se los pasaba de parranda con amigos (y amigas). Su respuesta fue inmediata: el que se tenía que ir era él y me pidió que me quedara para seguir apoyándome en todo lo que ella pudiera, y apenas llegó su hijo, lo echó de la casa.

Pasaron ocho días sin ver a Emilio y sin recibir ninguna explicación de su parte. Cansada de esperar y de vivir con una familia que no era exactamente la mía, me fui con mis niños a buscar un lugar para los tres en el barrio Belisario Caicedo, ahí mismo en Siloé. Encontré un apartamento miniatura y sin pensar mucho saqué de casa de mis suegros lo mínimo necesario para mudarnos los tres. Ante nuestra ausencia, el pequeño apartamento en la parte de arriba de la casa de mis suegros fue ocupado por una de las hermanas de Emilio y su hijo.

Mi niño ya tenía un año y mi niña, cinco. Empecé a hacer uñas a tantos clientes como era posible cada día, para pagar arriendo, servicios, mercado y el cuidado de los niños. La guardería la cerraban a las cuatro de la tarde, así que una amiga recogía a su niño y a los míos, y se iban juntos al apartamento a esperar a que yo llegara. Yo traía comida para todos. Esa era la forma como le pagaba a mi amiga. El dinero no siempre me alcanzaba. A pesar de gastar solo en lo mínimo necesario, llegó el día en que apenas tenía doscientos pesos en mi bolso, o sea, ni para un pasaje de bus. Tenía que ir a trabajar y no quería pedirle a nadie. Podía haber caminado a casa de mi mamá o de mis suegros, pero no lo hice, a lo mejor por orgullo o por decepción, lo cierto es que miré los doscientos pesos y me puse a llorar. Tuve una tarde de descanso forzada por falta de plata y de ánimos.

Y sucedió uno de los tantos milagros que he tenido en mi vida.

De pronto tocaron a la puerta y, al abrir, me encontré con una de mis clientas esperando ahí afuera, con gran cantidad de bolsas. La saludé sorprendida, le pregunté en qué podía ayudarla, y ella me dijo «Estaba pensando en ti y te compré estas cositas». La hice pasar y desempaqué el maravilloso mercado que había hecho para mí. Le ofrecí un cafecito y mientras conversábamos aprovechamos el tiempo y le hice las uñas. Con lo que me pagó, pude ir a trabajar al día siguiente. Ya más animada y aterrizada, me puse a hablar con Dios, le pregunté por qué me estaba poniendo a vivir una situación tan dura y le pedí que me ayudara a salir adelante. Decidí que buscaría un segundo trabajo y así lo hice. Lo único que me resultó que podía hacer sin dejar de atender a mis clientas fue trabajar en un casino, tres noches por semana.

Le pedí a mi mamá que viniera a cuidarme a los niños esas noches y ella aceptó. Duré poco en ese trabajo y recuerdo ese tiempo con dolor en mi corazón. Como era mesera, algunos clientes me recibían la bebida tocándome las manos, y de paso trataban de manosearme un poco más. Había uno que era mafioso —ahora vive en Miami, detrás de unas rejas, porque lo extraditaron—, uno de esos tipos que de repente se hacen ricos por «coronar», o sea, por lograr meter un cargamento de drogas a Estados Unidos. Ese señor me mandaba a decir que podía ponerme a vivir como una reina si aceptaba tener «algo» con él. A mí me daba miedo que hubiera puesto sus ojos en mí, y trataba de evitarlo al máximo. Algunas compañeras sí aceptaban regalos de sus clientes, incluso una de ellas me dijo que estaba en proceso de sacarle apartamento y carro a un cliente francés que frecuentaba el casino.

Como también trabajaba haciendo uñas en el día, a veces mi tiempo de sueño se reducía a solo cuatro o cinco horas. Lo peor era que mi mamá me recibía furiosa a las dos o tres de la mañana, diciéndome que era mi culpa que Emilio se hubiera ido. Sentía gran tristeza y pensaba «Si ella supiera... Si ella supiera el peso emocional de trabajar como mesera en un lugar lleno de viejos babosos... Si ella supiera que rechacé la oferta de un mafioso... Si ella supiera cómo debo calcular por dónde caminar para que esos hombres no me rocen... Si ella supiera lo cansada que me siento hoy».

Me dolía el alma y me pregunté, como había hecho otras veces, por qué mi mamá era tan injusta conmigo. Y tal vez Dios me escuchó y me envió a hacerle las uñas a una cierta clienta. Ella vio que yo estaba con los ánimos bajitos, me preguntó qué me pasaba y yo le conté que me había separado de mi esposo. Me dio palabras de consuelo y me dijo que para subirme la «pila» quería llevarme con los niños a su finca el fin de semana. Yo tenía pena, pero ante su insistencia, acepté, y el sábado a primera hora nos recogieron ella y su esposo en una camioneta. Mientras viajábamos, me advirtieron que íbamos como invitados, que solo querían que disfrutáramos del cambio de ambiente, nada de trabajar.

La finca estaba entre las montañas, en un clima frío que encontramos delicioso, y mis hijos vieron por primera vez la neblina. La casa era nueva pero con diseño antiguo: los muebles eran de madera, como los que se ven en las películas sobre gente distinguida del siglo pasado. Tenían una colección de pájaros y otra de perros. También había caballos, gallinas y marranos. Comimos rico y disfrutamos del paisaje.

Me gustó mucho cómo trataban mi clienta y su esposo a sus empleados, como si fueran amigos, con amabilidad, y así me trataban a mí también. Siempre he dicho que la calidad de una persona se nota por la forma como trata al taxista, a la mesera y al empacador en el supermercado, no a sus iguales o a los de más arriba.

Este paseo venía con sorpresa: después de almorzar y descansar, el esposo de mi clienta dijo que nos quería mostrar algo y nos llevó a una bodega de cemento gris. Dentro había una montaña de dulces. Tal como en el cuento de Hansel y Gretel, vimos chocolatinas, galletas y masmelos de colores amontonados de una manera que para nosotros resultaba mágica. El señor dijo que podíamos comer y llevarnos lo que quisiéramos, y nos explicó que les compraban a compañías productoras de dulces sus «recortes», o sea, los productos defectuosos, les añadían vitaminas y se los daban de comida a los cerdos. ¡Qué marranos tan de buenas! Comimos de esas cosas ricas y yo, ni corta ni perezosa, llené varias bolsas para luego repartir en Siloé.

Dejé el trabajo del casino porque estaba exhausta física y emocionalmente, y me apreté el cinturón para gastar lo menos posible. Me di cuenta de lo mucho que podemos hacer las mujeres cuando nos proponemos avanzar. Mi mamá pudo con cuatro hijos, ¿no iba a poder yo con dos? Al principio me dolía el pecho y no podía dormir, pero poco a poco esa angustia fue pasando. Es verdad que el tiempo cura todo. Me dije que si volvía a estar con un hombre o si recibía de vuelta a Emilio, sería porque yo quería, no porque lo necesitara. Me convencí de que no lo necesitaba, y doce meses viviendo sola con mis hijos me lo comprobaron. Mamás solteras abundaban en Siloé y en el mundo, y yo era una más. Un buen día, Emilio llegó a pedirme que volviéramos a formar nuestra familia, prometiéndome portarse mejor y pasar los fines de semana con nosotros. Como yo quería que mis hijos crecieran con su papá —algo que yo no tuve—, acepté sin hacerle mucho reclamo.

Como el apartamento era tan pequeño para los cuatro, nos pasamos a otro en Ciudad Córdoba, un barrio estrato dos, al sur de Cali. Finalmente salíamos de Siloé.

Viviendo en el nuevo barrio nos sentíamos ricos, no solo porque la zona era más tranquila, o sea menos «caliente», sino porque, trabajando los dos, teníamos con qué pagar arriendo, servicios públicos, mercado y hasta podíamos darnos algún gustico. Ya comprábamos carne, por ejemplo. Yo seguía trabajando en lo mío, como manicurista, y Emilio en un taller de mecánica. Sabíamos que mientras más trabajáramos, más dinero recogeríamos. Emilio también era buen trabajador y en el taller le cogieron cariño y le pagaban bien. Además estaba aprendiendo y empezó a soñar con tener algún día su propio negocio.

❋ ❋ ❋

Un día recibí de Emilio una cosa con la que siempre había soñado: un tocador. Llegué de trabajar y él me recibió en la puerta, pidiéndome que cerrara los ojos, porque me tenía una sorpresa. A mí no se me ocurría qué podía ser mientras él me guiaba. Allí, en nuestro cuarto, estaba mi tocador *beige* con un gran espejo y su silla. Lo abracé y le di las gracias. Era otro sueño cumplido.

Desde niña, cuando veíamos televisión en la casa de doña Paty, había observado a las mujeres al frente de su tocador, peinándose o maquillándose. Yo soñaba con un momento así: levantarme por la mañana, bañarme y sentarme al frente de mi tocador, para peinarme y maquillarme. Fui creciendo y nunca se me quitó ese deseo de la cabeza; ahí lo mantenía guardado. Un día, cuando estaba de novia con Emilio, él me preguntó cuál era mi mayor deseo material. «No me digas que ser millonaria, que eso no se vale. Una sola cosa que quisieras tener». Yo inmediatamente le dije «Un tocador». Nunca pensé que lo hubiera tomado en serio y que hubiera querido cumplírmelo. Todavía conservo su regalo.

Una noche, cuando mis hijos ya dormían, los miré y agradecí por la paz que sentíamos en el nuevo barrio, pues la diferencia con Siloé era abismal. Crucé mis manos, cerré mis ojos, oré y prometí seguir trabajando duro para nunca tener que regresar a vivir en la loma.

Pasaron cinco años en los que conseguí un buen número de clientes, pues los que ya tenía seguían recomendándome entre familiares y amigos. El horario me lo ponía yo misma, así que, mientras más trabajaba, más dinero tenía. No importaba el cansancio, sabía que estábamos progresando y eso me daba fuerzas para seguir. A los niños los matriculamos en un colegio público cercano, pues habíamos oído que era bueno. Al principio estuvimos contentos.

María Antonia tenía ya diez años y Santiago, seis, cuando Emilio me regaló una moto de color amarillo, un Día del Amor y la Amistad, que se celebra en septiembre. Nos sirvió muchísimo, porque podía llevar a los niños a la escuela, en lugar de enviarlos en el transporte escolar, que era caro y para el cual nos costaba mucho reunir el dinero. Montaba al niño adelante, a la niña atrás, y así nos íbamos los tres pegaditos a la escuela. La moto nos ahorró cantidades de tiempo y dinero. Eso de caminar largas cuadras, de esperar el bus, de estar contando y guardando las monedas para el próximo pasaje quedó atrás, y a nuestro nuevo medio de transporte le sacamos todo el provecho posible.

La moto no solo nos sirvió a mis hijos y a mí, sino también a un montón de niñitos de Siloé. Cada vez que iba donde mi mamá y veía a un niño con su bolso de la escuela subiendo la loma, le decía «Súbase que yo lo llevo». Ninguno me dijo que no. Estaban felices de que les ahorrara esa subida de la loma, seguramente cansados y con hambre. Unas cuantas veces lo hice con amigas y vecinas que trabajaban como empleadas de servicio. Sabía lo que era subir esa loma, y me daba satisfacción ahorrarle esa subida y ese dinerito a alguien. Muchas veces, en un pasado no muy lejano, yo misma no tuve con qué pagar el pasaje para bajar en *jeep*, así que sabía bien lo que significaba encontrarse con un ángel sobre ruedas. Así me sentía yo con cada «Mi Dios se lo pague» que escuchaba. Mi moto ahorró muchos pasos cansados a esas mujeres que bajaban cada mañana y regresaban al final de la tarde para seguir trabajando, ya no para unos patrones, sino para su familia. Un día caí en la cuenta de que, tanto ellas como yo, todo el tiempo estábamos trabajando para alguien: para el patrón, para la patrona, para los clientes, para el marido, para los hijos. Nunca estábamos nosotras mismas en la lista de personas por atender. Por eso me gustaba regalarles esos minuticos de descanso llevándolas en mi moto. Una vecina venía una vez tan cansada que hasta se me durmió en el viaje y casi se me cae.

Mis hermanos se enteraron de que yo hacía esto y me dijeron que tenía que parar, porque podía meterme en problemas en caso de un accidente. Les dije que no, porque sabía que estaba haciendo bien, y no iba a dejar de ver la felicidad en la cara de la gente cada vez que les ofrecía el aventón. Nunca paré, y nunca pasó nada malo. Recuerdo esos días con alegría: cuando llevaba pasajeros en mi moto, deseaba tener un colectivo bien grande para recoger gratis a todo el que estuviera subiendo la loma. Me soñaba pitando y recogiendo gente para subirlos, y también para bajarlos.

Constantemente había huelgas en las escuelas públicas por esa época, así que Emilio y yo decidimos pasar a los niños a estudiar en una escuela privada, pues no queríamos que —como decía mi mamá— tuvieran tiempo libre y oportunidad para pensar en lo malo.

Me puse en la búsqueda, pero las escuelas privadas eran costosísimas. Sin darme por vencida, seguí, y entre las escuelitas de diferentes barrios, cercanos y lejanos, encontré una que me gustó, en un barrio más o menos bueno. Era una escuela arquidiocesana, buena y barata. Fui varias veces a la hora de la salida para ver cómo se portaban los niños y niñas, y los veía educados y tranquilos. Además, aproveché para preguntarles a algunas mamás cómo les parecía la escuela y todas me hicieron comentarios favorables. Ya con eso, tomamos la decisión y pronto empezaron a estudiar allí.

María Antonia y Santiago cada vez estaban más grandes y llegó el momento en que ya no podía llevarlos en la moto a los dos al mismo tiempo, así que primero llevaba a uno y luego regresaba para llevar al otro. Lo mismo al recogerlos por la tarde. Eso me tardaba bastante y tenía que madrugar demasiado para que llegaran a tiempo a la escuela, pero estaba dispuesta a continuar en ese trajín por ellos. Terminaba el día agotada, así que me dediqué a orar y a pedirle a Dios que me diera una señal sobre cómo resolver lo del transporte de mis hijos.

Recuerdo la primera vez que celebramos el 7 de diciembre, Día de las Velitas, una fecha especial en Colombia que marca el inicio de la Navidad. De pequeños, mi mamá, mis hermanos y yo no celebrábamos nada, pero ya de adultos, después de ver que el mundo era más grande de lo que creíamos, quisimos darnos el lujo de adoptar algunas costumbres de los ricos y la tradición de prender velitas ya había llegado a la loma. Ese día, al salir de donde una clienta, pasé por un supermercado para conseguir velas y fósforos. Además compré papas, salchichas y palitos de madera, pues ya sabía lo que venía con esta celebración, y nos fuimos los cuatro a festejar en Siloé a la casa de mi mamá, aquella donde crecí, donde aún vivían ella y mi hermano menor. Cuando empezamos a prender las velitas afuera de la casa, se acercaron algunos vecinitos, de ahí mismo, de la loma, donde no hay nada y falta todo. Querían «ayudar», y preguntaban tímidamente si podían prender una velita. Apenas les decíamos que sí, tomaban confianza y se apresuraban a encender la mayor cantidad posible. Recuerdo que ese día tuvimos dieciocho niños de diferentes edades «ayudando» (sin contar a los míos).

Como sabía que las velitas atraerían a muchos niños, había puesto a cocinar las papas y las salchichas, e hice «chuzos», clavando una papa y una salchicha en cada palito de madera. Salí y les dije a los niños que hicieran una fila para pagarles el favor de haber mantenido prendidas las velitas. Se iban felices con su chuzo y prometían volver a ayudar la siguiente vez. Luego seguimos celebrando el Día de las Velitas en Siloé durante varios años, con mucha ayuda, papas y salchichas.

Como en Siloé en general no había dinero, sus habitantes siempre estaban buscando la manera de sobrevivir, trabajando —en cosas buenas o malas— o recolectando y pidiendo. Cuando alguien moría, el difunto era velado en la sala de su casa, las funerarias eran cosa de ricos. Muchos morían violentamente, de modo que el espectáculo era realmente triste, casi siempre había una mamá o una esposa llorando a gritos, y familiares y amigos destapando el ataúd para besar y despedirse del difunto. Por supuesto, no llegaban solo los familiares y amigos, la casa y los alrededores se llenaban de curiosos, niños y adultos que querían saber quién era el muerto y cómo había fallecido. Después de la velación, venía el problema de que no había dinero para el entierro. Lo bueno era que, como dije antes, la gente se rebuscaba, y la mejor manera era con una cuerda: entre familiares y amigos resultaban dos voluntarios, los cuales se paraban a uno y otro lado de una calle y, estirando la cuerda, obligaban a detenerse a los carros, las motos y los transeúntes, mientras repetían «Una monedita para enterrar al finadito, por favor». Después de la donación, que se depositaba en una lata, venía el «Dios le pague».

Ya reunido el dinero, empezaba la procesión para darle sepultura al difunto, teniendo cuidado de sacar de la casa primero el lado del ataúd donde estaban los pies, porque si se sacaba por el lado de la cabeza, vendría pronto a llevarse a sus familiares. Si algo no podía faltar durante las velaciones, era el vaso de agua debajo del féretro, para ahuyentar las malas energías, para ayudar al fallecido a elevarse, o simplemente para que el alma viniera a beber en caso de tener sed.

❈ ❈ ❈

Por voluntad propia, Emilio, los niños y yo regresamos a Siloé.

Cada vez que subía a visitar a mi mamá, veía que la casita empezaba a verse vieja y decaída. Me atormentaba llegar a mi apartamentito bonito con la nevera llena, cuando en la casa de mi mamá el mercado era escaso. Mi sufrimiento y mi sentimiento de culpa por tener más que ellos eran grandes. Una noche, después de mucho ensayar, le dije a Emilio que le tenía una petición. Él me escuchó con atención, y cuando terminé de hablar, comprobé, una vez más, que tenía un esposo noble y de buen corazón.

Mi propuesta se trataba de irnos a vivir a casa de mi mamá, donde no tendríamos que pagar arriendo, así que ahorrándonos esa plata podíamos comer todos y hasta arreglar la casita. No tuve que rogar, ni dar demasiadas explicaciones, él de inmediato me dijo que sí y apenas se cumplió el mes de alquiler que ya habíamos pagado, nos mudamos a casa de mi mamá. A ella le dio vergüenza que yo hubiera incomodado a Emilio y a mis hijos por ayudarla, pero le expliqué que todos lo hacíamos con gusto, que viviendo en su casa podríamos ahorrar y ella poco a poco lo fue aceptando.

Pronto los adultos de la casa pusimos manos a la obra para repellar y pintar las paredes, y para reparar lo que estaba roto o caído. Aquella volvía a ser nuestra «casa campestre» y había armonía en nuestro hogar, con abuelita y tío incluidos. Mi mamá y yo cocinábamos juntas, y yo estaba feliz. Pero la felicidad en Siloé no es como en otras partes.

Mi hermano menor traspasó las líneas imaginarias de cierto barrio cercano, donde gobernaba una de las pandillas más violentas de Siloé. Y se metió en problemas, por visitar a una muchacha que le gustaba. En la loma se pueden usar las calles comunes, pero hay zonas donde se reúnen líderes, donde se venden cosas que los demás no tienen por qué saber, y lugares de entrenamiento en armas. Cada barrio con su negocio, sus leyes y sus dirigentes autoproclamados. El más bravo —o la más brava— manda. Obedeces o no te metes. Así funciona, bajo riesgo de muerte.

Era viernes. Emilio y los niños habían ido al cine y mi mamá estaba trabajando, así que cuando llegué por la tarde, solo encontré a Fabián, que estaba afuera jugando fútbol. Lo saludé de lejos y entré. Me senté en una silla y, mientras miraba el juego por la ventana, pensaba en lo afortunado que había sido mi hermano con ese doctor que lo había operado. El partido terminó, los demás muchachos se fueron y Fabián se sentó en una banca afuera de la casa para descansar. No había pasado un minuto desde que me retiré de la ventana, cuando escuché un disparo. Pasaron cientos de imágenes y pensamientos por mi cabeza. Acababa de quitarme los zapatos y corrí descalza afuera, donde encontré a Fabián en el piso, con el cuerpo ensangrentado, queriendo levantarse y queriendo correr, mientras un hombre continuaba disparándole. Cuando el sicario me vio, disparó hacia el piso como advertencia para que no me acercara. Aparte del terror que me provocó ver a mi hermano herido, los disparos me dejaron aturdida. Como en sueños, pues sentía que mis sentidos no funcionaban bien, me tiré sobre él y el criminal salió corriendo loma abajo. Todo pasó en segundos, segundos interminables.

La angustia que sentí, y aún siento cada vez que recuerdo ese momento, fue horrible. Cinco disparos en el cuerpo de mi hermano. Ver cómo venían a matarlo, sin pelea, sin preguntas. Recuerdo mi miedo, el rostro pálido de mi hermano moribundo y la indiferencia en el rostro del hombre. Solo indiferencia.

Estaba haciendo «un mandado». Luego supimos que le habían pagado ochenta mil pesos.

Empecé a gritar y a pedir ayuda. Rápidamente llegaron dos vecinos que habían oído los disparos y me ayudaron a recoger a mi hermano para llevarlo al hospital más cercano.

Lo montamos en una camioneta destartalada que tenía uno de ellos, y bajamos volando al hospital. Recuerdo que el que manejaba iba pitando como un loco, para que le abrieran paso, y el que iba a su lado gritaba y sacudía las manos por fuera de la ventana. En los barrios pobres, la gente siempre está caminando por las calles, así que había que hacer ruido para que nadie se atravesara en nuestro camino. Yo iba en la parte de atrás, abrazando a mi hermano —los dos empapados en la sangre de él—, llorando y repitiendo «Solo Dios hermanito, solo Dios». Sentí que se me iba, así que le pedí que hiciera un esfuerzo por no dormirse, por no cerrar los ojos. En mi mente iba diciéndole a Diosito que se hiciera su voluntad. Que si decidía llevarse a mi hermano, yo, aunque con inmenso dolor, lo aceptaría, y que si me lo salvaba, estaría muy agradecida y trataría de ser cada vez una mejor persona. A mi hermano le repetía «Solo Dios, Fabián, solo Dios».

Apenas llegamos al hospital, vi cómo le chuzaban el cuerpo para sacarle sangre, porque tenía una hemorragia interna.

Llamé a Emilio y le pedí que le avisara a mi mamá que habían matado a Fabián.

De los cinco tiros que recibió, dos habían llegado a lugares críticos.

Pensaba que no podría salvarse de algo tan horrible; su cuerpo daba la apariencia de no resistir más.

Cuando mi mamá llegó al hospital, descompuesta y desgarrada por el dolor, preguntando por su hijo muerto, le dijeron que yo estaba con él y que estaba vivo. Pobrecita, lloraba de tristeza por lo que le hicieron a su hijo y de felicidad por saber que continuaba con vida.

Por suerte, me había equivocado, pero los médicos y enfermeros insistían en que si nos hubiéramos demorado en reaccionar, no hubiera sobrevivido. Mi hermano resultó más fuerte de lo que yo imaginaba.

Fabián permaneció en el hospital por unos días, durante los cuales lo visitaron amigos y vecinos, preguntando si conocíamos al sicario para ir a hacerle «la vuelta». Pero mi hermano y yo nos habíamos puesto de acuerdo en no dar información; no estábamos de acuerdo con esos «ajustes de cuentas». Además, me parecía hipócrita pedirle a Dios que le conservara la vida a mi hermano, por un lado, y por el otro, mandar a que se la quitaran a otro. Yo aprovechaba para aconsejar a los muchachos diciéndoles que las cosas no se podían arreglar así, pero ellos no estaban interesados en escuchar recomendaciones, solo querían que les diéramos la descripción o el nombre. De nosotros dos, nunca los consiguieron.

Cuando Fabián quiso explicarnos que él no había ido a buscar nada malo, le creímos, y le insistimos en que siempre tuviera en cuenta las líneas imaginarias, por su bien y el de todos.

Mientras él se recuperaba, los demás buscábamos adónde irnos, pues su seguridad se convirtió en nuestra principal preocupación. Lo que no comentábamos, pero todos sentíamos, era un cansancio emocional enorme, resultado de la violencia a la que estábamos expuestos en todo momento.

Dos días después del atentado, estábamos Emilio y yo llegando a la casa de mi mamá, cuando, en una tienda de enfrente, reconocí al sicario. Me acerqué a mi esposo para decírselo al oído, sin imaginar que él buscaría cobrarle el daño que nos había hecho. Tuve que agarrarlo y hablarle fuerte para que no se le acercara al criminal, pues no quería ni imaginarme cómo se desenvolvería esa pelea. Además, nos percatamos de que era un exguerrillero, familiar del dueño de la tienda. Convencí a Emilio de dejar pasar las cosas y, sobre todo, dejarlas en manos de Dios.

La casa de mi mamá estaba ubicada en una esquina, desde donde podíamos observar muchas situaciones. Por ejemplo, era inevitable ver cómo subían grupos de hombres con fusiles. Cerrábamos las ventanas y la puerta, y nos sentábamos o nos agachábamos, inmóviles en algún rincón de la casa, a esperar. ¿Esperar que? Que hubieran terminado lo que fueron a hacer allá arriba.

Otras veces el desfile de los hombres armados nos agarraba en la calle, y lo que hacíamos era tirarnos al piso y cubrirnos la cabeza con las manos, la reacción de protección por instinto. Ellos iban con objetivos exactos, y aunque sabíamos que el asunto no era con nosotros, de todos modos sentíamos un terror indescriptible. Recuerdo la sensación caliente en mi espalda, como un corrientazo, un día cuando estaba en una panadería y los vi pasar por detrás. De verdad creí que me dispararían, no sé por qué tuve la certeza de que me buscaban a mí, y solo al final, cuando se habían ido, me alegré de haber estado equivocada.

Como dije antes, a pesar de vivir en medio de la violencia, una nunca acaba de acostumbrarse. Esos hombres venían pagados, para hacer un trabajo específico. Otras veces llegaban a algún establecimiento en busca de alguien, hacían tiros para asustar, y a los gritos preguntaban quién era el jefe. Si alguien se atrevía a salir corriendo, le disparaban. Lo hacían para mostrar su poder, y no respetaban ni a las mujeres. Una noche, mi mamá y yo, escondidas detrás de la cortina de la sala y con las luces apagadas, vimos cómo unos hombres con camisetas blancas y fusiles entraban a un billar, hacían salir a todos y los tiraban al piso bocabajo. Había una mujer embarazada, y la maltrataron como a los demás, además de regañarla por estar allí a altas horas de la noche. A los hombres los agarraron del pelo y les estrellaron la cara contra el piso, mientras les preguntaban quién era el jefe. Como nadie contestaba, dispararon hacia la pared del billar. Sin poder soportarlo, dos salieron corriendo. Les dispararon. Uno murió, y el otro quedó parapléjico.

Cargando todas nuestras pertenencias en un camión, con una mezcla de tristeza y paz, salimos de Siloé, una semana después del atentado contra Fabián. Mis hermanos mayores ya se habían ido y nos decían que vivían más tranquilos. Ellos le pidieron a mi mamá que vendiera la casita por lo que le dieran, con tal de salir de allá, y así fue: tuvo que entregarla a cambio de menos dinero de lo que realmente costaba. Un par de agentes de la policía nos pararon cuando bajábamos de la loma para hacernos una inspección. Revisaron el trasteo, nos preguntaron adónde nos dirigíamos, y qué cara de tristeza llevaríamos, que pronto nos dejaron continuar nuestro camino sin indagar más.

Nos fuimos de nuevo a vivir en Ciudad Córdoba. Emilio, los niños y yo en un apartamento pequeñito, y mi mamá y Fabián en una casita con garaje, que usaron para montar una tienda de barrio —de esas donde se puede comprar mercado en cantidades pequeñas— que mi hermano se dedicó a atender. Tanto el hombre que disparó contra mi hermano como el que le pagó para que lo hiciera eran personas de nuestra comunidad. Luego recibimos noticias de que al primero lo habían metido a la cárcel de Villanueva por varios asesinatos. El segundo era un amigo nuestro de la infancia, de quien se sabía que mandaba hacer este tipo de trabajos. A él lo mataron tiempo después. No nos alegramos cuando oímos a nuestros familiares y vecinos decir «El que a hierro mata, a hierro muere».

❋ ❋ ❋

Amaba mi trabajo porque, aparte de permitirme pagar las cuentas, también me mantenía distraída de los problemas. Algunos días terminaba cansada, pero siempre tenía la satisfacción de las cosas bien hechas y el dinero en mi bolsillo. Además, mis clientas eran amables y comprensivas.

Cuando empezaba a trabajar con cada clienta, siempre se iniciaba una conversación interesante. Seguramente el agua tibia las iba relajando, y ante la imposibilidad de moverse porque sus pies y manos estaban en remojo, empezaban a hablar. A veces parecían sesiones de psicoterapia, donde yo escuchaba. Y siempre he pensado que entre mujeres nos entendemos. Unas clientas me contaban su vida; otras me aconsejaban; otras me daban propina;

otras, regalos. Nunca me faltaron el desayuno, el almuerzo o la merienda. Yo nunca pedía nada, todas se encariñaban conmigo y yo con ellas. A todas las iba metiendo en un campito de mi corazón. También había en mi lista unos cuantos caballeros, aunque pocos. Por todas esas personas que se dejaron arreglar las uñas por mí, pude avanzar en la vida. Su apoyo y su fuerza fueron importantes para mí, y con todos me siento agradecida.

Una de mis primeras clientas me fio una moto nueva. Un día llegué a hacerle las uñas y me preguntó cuándo iba a cambiar mi moto, que ya la veía muy vieja. Le dije que no estaba en mis planes cambiarla y no podía darme el lujo de pensar en eso. Doña Julia, que era como se llamaba, me llevó a su garaje y me mostró una moto nueva de color rojo, hermosa. Me dijo que podía llevármela y pagársela en once años. Por supuesto, pensé que era una broma. Pero no, era en serio. Me dijo que averiguara cuánto valía más o menos una moto nueva, que dividiera ese valor en once años, y luego en doce meses. Mientras ella hablaba, yo iba haciendo cuentas en mi cabeza, como hacía todo el tiempo, y la cifra mensual a pagar resultaba pequeña. Como yo seguía sin creerle, ella me mostró los papeles de la moto, que ya tenía listos sobre la mesa del comedor, y en un instante puso la moto a mi nombre y me pidió que me la llevara lo más pronto posible. Cuando llegué a casa le pedí a Emilio que vendiéramos la moto vieja para pagarle a doña Julia la primera cuota.

Esa clienta no me dio la oportunidad de decirle que no. Hizo que me llevara la moto con el compromiso del pago mensual, que era un valor que daba risa de tan chiquito. Me comprometí con ella, pero le pedí que, en caso de que pudiera abonarle más, me lo fuera recibiendo y restando del saldo. Así quedamos, y de pago en pago, terminé de cancelársela no en once años, ¡sino en once meses!

Una vez me recomendaron con una modelo trigueña, de ojos y cabello negro liso. Era bella, pero solo por fuera, porque por dentro era un pequeño monstruo. Llegué a su casa, grande, bonita y elegante. Todo allí adentro parecía de novela, como haciendo juego con esa mujer de facciones perfectas. Mientras le arreglaba las uñas, yo la miraba de reojo, tratando de descubrir qué tenía de feo, pero nada, no le vi feas ni las orejas. Estaba bien concentrada en la rutina del arreglo de uñas, cuando de pronto gritó: «¡Mamáááá! ¿Ya me compraste lo que te pedí?». La mamá vino corriendo, y mientras le contestaba que todavía no, la modelo no la dejó terminar la frase y le gritó de nuevo: «¿Y qué estás esperando?». Yo sentí pena ajena por la mamá.

Al rato pasó por ahí el papá, y a él también le gritó, haciéndole reclamos sobre algo que habían publicado en una revista. Al hermano, al que nunca vi, le pegó tres gritos desde donde estábamos. Esa mujer era grito tras grito, y yo no veía la hora de terminar. Mis oídos y mi cabeza no estaban para tanta grosería. Por suerte, mi trabajo salió perfecto, porque donde me hubiera gritado, me le hubiera tirado encima y le habría arrancado unas cuantas greñas.

La modelo me pagó y con una sonrisa me pidió que regresara a la semana siguiente. «Sí, señora», le dije, y salí de ahí como alma que lleva el diablo, hablando sola, diciéndome que ni loca volvería a esa casa. Si la gente hubiera sabido cómo trataba de mal a su propia familia, no la habría endiosado y no habría publicado tantas mentiras sobre ella en las revistas.

Tuve una clienta rica, doña Engracia, que se la pasaba viajando y siempre me traía algún regalito de sus viajes: quesos de Suiza, chocolatinas de Bélgica, turrones de España, galletas de Grecia, alfajores de Argentina, un librito de salmos de Israel y una pulsera con ojitos de la suerte de Turquía, entre muchos otros presentes. Le di la vuelta al mundo con esa clienta que me traía cositas y me contaba historias de sus viajes.

Un día le dije que yo soñaba con ir a Estados Unidos y ella me dijo que para poder viajar había que tener pasaporte y pedir una visa. Yo ya había oído hablar de la tal visa, pero no entendía de qué se trataba, así que ella me lo explicó. Me aconsejó que no me apurara, que fuera paso por paso, y que el primero era obtener el pasaporte. Me indicó adónde debía ir, qué debía llevar y cuánto tenía que pagar. Seguí sus instrucciones y en menos de un mes ya tenía ese documento en mis manos. Yo sabía que no lo usaría pronto, pero para mí era una importante señal de progreso. Me gustaba mirarlo y soñar que viajaba. No sabía para qué eran todas esas páginas, así que la siguiente vez que fui a arreglarle las uñas a doña Engracia, lo llevé para mostrárselo y preguntarle. Me contestó que esas hojas eran para estamparle a uno las entradas y salidas de cada país, y casi me regañó porque, según me explicó, ese documento no era para estar llevándolo a todas partes. Me dijo que lo dejara bien guardadito en la casa, no fuera que lo perdiera por ahí en la calle. Le pregunté si estaría bien ir escribiendo en cada página los nombres de los lugares que quería visitar, y ella, tras soltar una carcajada, me respondió «¡Esas páginas no se pueden tocar!».

❉ ❉ ❉

Hernán mi hermano mayor, es un ser admirable. Una vez estábamos reunidos en familia y de pronto nos propuso irnos de paseo a Ecuador. Todos contestamos que no teníamos plata para darnos ese gusto. Él dijo que ya lo sabía, pero que había una forma en la que podríamos lograrlo. Tenía un plan, así que nos lo explicó. Primero nos dijo que Ecuador está cerquita de Colombia, así que el viaje no sería largo. Segundo, iríamos en bus y llevaríamos fiambre para el camino, para no tener que gastar en comida. Tercero, nos hospedaríamos en un hotel barato. Y cuarto, regresaríamos. Ya había calculado cuánto costaba el viaje por persona, así que nos dijo cuánto debíamos poner mensualmente para poder hacerlo en menos de un año. Él dijo que pagaría todo lo de mi mamá y, para asegurarse de que cumpliéramos, se propuso recoger la cuota mensual de cada uno.

Al principio no estábamos convencidos, pero en cuanto Adalberto dijo que se apuntaba, todos los demás empezamos a decir que sí queríamos. Eso fue cuando finalizaba un año y en julio del siguiente, para las vacaciones de escuela de los niños, Hernán anunció que ya teníamos el dinero suficiente para realizar el viaje. Entre mi mamá, sus cuatro hijos, nueras, yerno, nietos, tías y primos, éramos treinta personas.

Llegó el momento de hacer la maleta para el paseo y lo primero que metí fue el pasaporte. Para el viaje, cada familia debía llevar comida para compartir, y yo preparé sándwiches y compré chicles, porque me dijeron que el chicle ayuda cuando uno se marea de tantas vueltas que da el bus.

Cuando el bus nos recogió en casa de mi mamá consideré que estábamos viviendo un momento mágico, estábamos tan felices. Al llegar a la frontera nos pidieron, a los adultos, la cédula de identidad, pero yo saqué mi pasaporte. Mis hermanos se echaron a reír, diciéndome que para pasar a Ecuador no se necesitaba ese documento. Quería tener mi primer sello, y como no lo conseguí, decidí tomarme una foto con el pasaporte en la mano al lado del letrero de «Bienvenido a Ecuador». Estuvimos una semana recorriendo ese país tan bonito en un viaje tan inolvidable, que algún día quiero volver.

En adelante tomé por costumbre llevar mi pasaporte a todo paseo y tomarme una foto dondequiera que estuviera el letrero de «Bienvenido a...», así que no tengo sellos, pero sí muchas fotos, entre ellas las de Pereira, Manizales, Medellín, Yumbo, Puerto Tejada, Pasto, Amazonas y San Andrés. Todos son lugares de Colombia, unos cerquita de Cali. Antes lo hacía por chiste, pero ahora se ha convertido en un ritual, y siento que estoy preparándome para cuando pueda dar la vuelta al mundo. Tengo una prima en Panamá que me invita a visitarla. Allá sí me estamparán mi primer sello, porque es otro país y hay que ir en avión.

Siempre me sucedía algo curioso cuando iba donde mis clientes: al entrar, sentía cómo estaban los ánimos en cada casa y, al finalizar, parecía que había absorbido su energía con mis manos. La primera vez que me di cuenta de eso fue un día en que atendía a doña Engracia, mi clienta viajera. Todo el tiempo miraba su reloj y me pedía que me apurara porque tenía que ir al aeropuerto. Trabajé lo más rápido posible, ella me pagó, me despedí y salí corriendo de su casa para que ella también pudiera irse. Me monté en mi moto y empecé a manejar a millón hacia mi casa. De repente sentí que me pitaban: era un agente de tránsito en moto, que me seguía y me pedía detenerme. Al parar, él me preguntó «¿Adónde se dirige con tanto afán, dama?», y le contesté que a mi casa. «¿Y es que se le está incendiando la casa o qué? Debería llamar a los bomberos en vez de volar tanto», me dijo. Le pedí que me disculpara, que no me había dado cuenta de la velocidad a la que iba, que por favor no me pusiera una multa. Él me respondió que me perdonaba esa, pero que tuviera cuidado porque un estrellón a altas velocidades sería fatal. Le di las gracias, y mientras manejaba despacio a casa, me di cuenta de que me había traído el afán de mi clienta.

Otro día llegué a casa triste y deprimida. Me encerré en mi cuarto a pensar por qué me sentía así, pues no tenía problemas inmediatos, y caí en la cuenta de que le había hecho las uñas a una clienta que se estaba divorciando. Igual que con mi clienta viajera, se me había pegado su estado de ánimo.

Ese día decidí que debía protegerme, así que me fui a bañar y le pedí al agua que limpiara no solo mi cuerpo, sino también mi espíritu, y después, me fui a orar a una iglesia cercana. Allí me senté en una banca en la parte de atrás y le pedí a Dios que me cuidara siempre y que me protegiera de las energías negativas. Desde esa época, siempre me lavo las manos cuando termino de atender a cada cliente como ritual de limpieza energética, y trato de ir al menos una vez por semana a la iglesia. No voy a la hora de la misa porque no me agradan los curas, pero sí me gusta encontrarme con Dios y hablarle directamente.

❊ ❊ ❊

A mis hijos siempre les he dicho que el dinero está allá afuera y hay que salir a buscarlo. Por eso, siendo ya adolescentes, los puse a hacer un curso de bisutería, para que aprendieran a hacer pulseras, anillos y llaveros con materiales que conseguíamos en el centro de Cali. Yo ofrecía a mis clientas todas las cositas que ellos preparaban y ellas me compraban. Rara vez regresé a casa con alguno de los productos que me llevaba para vender; casi siempre lo vendía todo. De esta manera, mis hijos siempre tenían un poco de dinero en el bolsillo para lo que yo no podía comprarles, y así comprendieron que trabajando podían darse cada vez más gusto. Eso sí, primero el estudio. Tenían que traer buenas notas para que yo los dejara hacer las pulseras, que era lo que más se vendía. Nos sentábamos en la mesa del comedor cada noche, después de comer y de hacer las tareas, y pasábamos ratos que para mí eran maravillosos, pues charlaba y compartía con ellos, me contaban cosas de la escuela y yo aprovechaba para preguntarles de todo y saber cómo estaban emocionalmente.

Sacando buenas notas y fabricando pulseras y anillos, me hacían sentir la mamá más orgullosa del mundo. A todas mis clientas les hablaba de ellos, de lo hermosos y especiales que me habían salido. Tan juiciosos eran, que me pidieron que, con el dinero de las ventas, les pagara el transporte de la escuela.

Querían ser más independientes y de paso me ahorrarían tiempo a mí, pues seguía llevándolos y recogiéndolos por turnos. Así hicimos, y fue muy bueno para todos. Hasta se sentían como niños ricos viajando en la buseta escolar. Con lo que mis hijos ganaban por los llaveros y las pulseras, habían tomado la costumbre de colaborar en casa. Yo les decía que se compraran sus cositas, que se dieran sus gustos, pero ellos habían decidido ahorrar para darle un buen uso a ese dinero. Yo, orgullosa, salía con mi bolso lleno de sus creaciones para ofrecérselas a mis clientas y me sentía feliz cada vez que me compraban. Ya teníamos ochocientos mil pesos y nos habíamos puesto de acuerdo en dárselos al papá para ayudarlo con el alquiler de un local para poner su taller.

No era poca la compañía que nos hicieron los dos perros que más he querido. Ambos los conseguí por doña Alina, una clienta que era prima del presidente de Colombia en esa época. Una mañana llegué a su casa y vi que tenía una hermosa cachorrita de afgano color crema. Me impresionó ver a una perrita con un pelo tan brillante, ni la modelo gritona tenía el pelo así de bonito. Me enamoré al instante, me puse a jugar con ella y a acariciarla. Mi clienta me dijo que, si quería, me la podía llevar, pues tenía planeado un viaje largo y no tenía con quién dejarla. Acepté de inmediato, la acomodé en mi bolso y llegué a casa con una hermosa mascota. Mis hijos la recibieron emocionados, y entre los tres escogimos para ella el nombre de Cristal. La perrita era muy elegante y educada, nunca hizo sus necesidades en casa, siempre ladraba y nos llamaba para que la sacáramos. Fue creciendo para convertirse en una compañía especial para mí.

Le conseguimos un perro para que tuviera cría y vender los perritos, pues como son finos, sabíamos que podían pagarnos bien. Cristal tuvo dos machitos y cuatro hembritas, de los cuales vendimos cinco; el último no fui capaz de venderlo. Era negro, con las patas blancas, de verdad hermoso. Sin pensarlo dos veces, lo bauticé como Emilio. Cuando me preguntaban si le había puesto el nombre de mi esposo por amor, yo contestaba que no, que por perro.

Cristal y Emilio eran cariñosos y hacían que me sintiera apoyada: parecía que sabían cuándo estaba contenta o triste. Se acercaban a mí de manera suave y me brindaban su compañía, yo les hablaba y ellos me escuchaban con atención. Cristal se quedaba mirándome mientras volteaba suavemente su cabeza hacia los lados, y Emilio me acercaba su carita para que yo lo acariciara. Ni uno ni otro se movían de mi lado hasta que yo no hubiera terminado de hablar. Eran de concurso, no solo por su belleza y elegancia, sino también por su nobleza. Parecían personitas, y los amé como si lo fueran.

❋ ❋ ❋

Entre las curiosidades que aprendí en mi oficio está la de reconocer patrones entre manos y pies de familiares. Llegué a memorizar los de cada cliente, y noté que los pies de una mamá o de un papá y los de sus hijos pueden llegar a ser muy parecidos. Hay cuatro o cinco formas básicas de manos y pies. Por eso, a quienes trabajamos en mi oficio, se nos hace fácil recordar las características predominantes o alguna pequeña imperfección.

La misma forma de las uñas, el mismo dedito torcido, la misma falange del pulgar derecho más corta que la del dedo pulgar izquierdo. Realmente es impresionante ver en los hijos la copia de sus progenitores. Así que, por manos y pies, bien podía yo identificar parentescos.

Muy útil fue el comentario que hice sobre esto un día a un grupo de amigas mientras nos hacíamos las uñas las unas a las otras. Una de ellas me dijo que no estaba segura de quién era el papá de su hijo. Yo le miré los piececitos al bebé y le dije a cuál de los dos prospectos le apuntaba, pues yo conocía a los dos posibles padres del niño, sus manos y sus pies. Cuando el niño fue creciendo, era la estampa de su padre, el mismo que yo había dicho. No se necesitaban pruebas de laboratorio, solo había que observar.

❖ ❖ ❖

Una vez vino a visitarme una antigua vecina de Siloé llamada Eva, con la excusa de ver a los perros, porque vivía fascinada con Cristal y Emilio, y le encantaba peinarlos. La sentí triste, así que le pregunté si había alguna forma en que pudiera ayudarla. De repente empezó a llorar y a contarme su historia.

Vivía con su mamá, su esposo y sus tres hijos. Mientras su mamá se encargaba de los niños y de la casa, ella trabajaba como empleada de servicio por días, igual que mi mamá. Madrugaba y regresaba tarde a casa. Cansada, después de limpiar casas ajenas, de atender patronas y patrones aquí y allá, de hacer extensos recorridos en bus y caminar largas cuadras, como me decía ella, llegaba a casa «en pedacitos», como uno de esos juegos en los que se toca una pieza y se desmorona todo. A pesar de su agotamiento, ella siempre traía dinero a casa para juntar con el que ganaba su esposo, que era quien administraba, hacía las compras y pagaba las cuentas. Llegó el día en que él perdió su trabajo y no hubo más dinero que el que Eva traía. No era suficiente y empezaron los problemas.

Una noche, cuando ella regresó de trabajar y le preguntó a su esposo por qué no había nada de comer, él se enojó y empezó a golpearla delante de su mamá y de los niños. Luego le pidió perdón y le dijo que simplemente la plata no había alcanzado, que por favor pidiera a sus patronas que le pagaran más. Desde ese momento, las dos mujeres y los niños habían pasado a vivir una pesadilla: ya no había dinero que alcanzara y se volvieron comunes los golpes y los gritos. Eva pensó en manejar ella misma el dinero, hacer los pagos y comprar la comida, pero el esposo no aceptó esa posibilidad y se lo dejó saber con más golpes. Otra noche, después de haberla maltratado, en vez de pedirle perdón, se le acercó y la amenazó con matarlos a ella y a los hijos, para luego matarse él mismo, porque estaba desesperado e inconforme con la situación familiar en la que no se sentía querido ni respetado.

Ella no tenía miedo por sí misma, pues sentía que ya no valía nada, pero temía por sus hijos, razón por la cual estaba trabajando dos jornadas diarias para traer más dinero a casa, se comportaba más dócil con él y estaba más muerta por dentro que nunca. A sus hijos les pidió que obedecieran al papá en todo y que hicieran el menor ruido posible cuando él estuviera en casa, para no molestarlo. Me confesó que cada noche, a la hora de dormir, iba a la cocina, escondía los cuchillos y trataba de no quedarse dormida temprano para poder defender a los niños en caso necesario. Estaba cansada de encontrar disculpas a los maltratos de su esposo, pues al principio pensaba que era por la falta de trabajo; luego, porque los niños no lo obedecían; después, porque a lo mejor estaba deprimido; y por último, hasta al diablo le había echado la culpa, diciéndose a sí misma que quizás él estaría bajo la influencia de algún espíritu maligno.

Cuando terminó de contarme toda su pesadilla, la abracé y le dije que con mi apoyo y de la mano de Dios encontraríamos la forma de salir bien de esa situación.

Lo primero que hice fue enseñarle a hacer uñas. Eva dudaba de sus capacidades y no se sentía capaz de sentarse enfrente de alguien y mucho menos de tocar las manos o los pies de otra persona. Me decía que esa sola imagen la hacía sudar de los nervios. Entonces usé uno de mis lemas, al que más acudía en casos como este: «Para adelante, sin mente, como las muñecas». El significado que yo le daba era el de arriesgarse sin pensar. Cuando uno piensa mucho, a veces deja de hacer las cosas por miedo, así que mi lema lo usaba para sacar valor y aventurarme a actuar lo más pronto posible. Así fue como pasamos varios fines de semana en clases intensivas y le regalé su primer *kit* de manicura con todo y esmaltes. La puse a ensayar con mis familiares para que perdiera el miedo; eso sí, todo a escondidas del esposo. Él no podía saber que ella se estaba preparando para enfrentar el mundo lejos de él. De manicurista podría ganar más dinero que como empleada de servicio, ahora solo faltaba conseguir clientes.

Una de mis clientas me pidió que fuera donde una amiga suya, pero le dije que no podía y que, en cambio, le mandaría a alguien de mi entera confianza. Y mandé a Eva. Le fue bien y esa clienta le recomendó a otra, que la ayudó a conseguir trabajo en un salón de belleza los fines de semana, así que empezó a ahorrar sin que su esposo supiera, y apenas pudo, escapó con su madre y sus hijos.

Ese hombre no era un esposo, era un monstruo que solo se alimentaba de ella, le había quitado su belleza, su juventud, su alegría y hasta el dinero fruto de su trabajo. Decían los vecinos que cuando el tipo llegó a casa y no encontró a su familia, enfureció y a gritos fue de puerta en puerta para preguntar si alguien sabía de su paradero. En el barrio nadie lo quería, así que no recibió respuesta alguna. Y era mejor que se estuviera tranquilito, porque más de uno estaba cansado de sus escándalos. Así se lo hizo saber un vecino mientras le mostraba la pistola que cargaba en la cintura. Ese hombre se fue del barrio y no se volvió a saber de él.

La nueva vivienda de Eva era un cuarto alquilado donde tuvieron que acomodarse los cinco. Al principio fue difícil, pero valió la pena, porque había incomodidades y necesidades, pero no maltrato. A pesar de tener que trabajar el día entero como empleada de servicio y las noches y los fines de semana como empleada en un salón de belleza, fue emocionante el cambio que dio en ella. Un año después, ya no lucía demacrada, sino como lo que era: una mujer joven y bonita, con un mejor futuro por delante. Me imagino que su mamá y sus hijos también estaban bien. Mamá feliz, hijos felices, sin un hombre que los aplastara.

A partir de ese momento, Eva y yo empezamos a hacer campaña entre todas nuestras amigas para mostrarles que podían salir adelante sabiendo desempeñar algún oficio.

Desafortunadamente, muchas mujeres en Siloé, si no eran madres solteras, estaban realmente mal acompañadas, así que decidimos acercarnos a nuestras amigas del segundo grupo. Empezamos por decirles que no había que depender de un hombre y menos soportar maltratos, y entonces Eva les contaba su historia sin omitir detalles. Después de escucharla se sentían en confianza y cada una contaba la suya. Tuvimos que educar a algunas que pensaban que «maltrato» eran solo golpes y diariamente recibían insultos y amenazas. Les hablamos sobre la violencia doméstica y les dijimos que había una solución. Ellas se mostraban con miedo de afrontar el mundo solas y creían que debían permanecer con sus maridos porque ellos «las mantenían». Les insistimos en que solas podían salir adelante si lograban aprender un oficio para buscar trabajo y que teniendo dinero en sus bolsillos sería más fácil tomar las riendas de sus vidas. Cuando ellas dudaban de sus habilidades o mostraban temor, Eva y yo les repetíamos nuestro lema: «Para adelante, sin mente, como las muñecas».

Habiendo tomado un curso de peluquera, manicurista, zapatera, costurera, florista o de lo que fuera, había más oportunidades para conseguir trabajo. A muchas les llamó la atención convertirse en manicuristas y fui maestra de vecinas y amigas durante varios años. Esa etapa de mi vida me hace sentir orgullosa y feliz, porque recuerdo sus caras de esperanza en un futuro mejor mientras aprendían el oficio que, con amor absoluto, les enseñaba.

Todo ese proceso de empoderar a nuestras amigas nos unió como mujeres, como mamás, como guerreras, y era así como

Margarita González

en verdad nos sentíamos cada vez que salíamos a conseguir el sustento de nuestras familias. Eva fue ejemplo para otras mujeres, pues demostró que se podía. Eso sí, bien lejos de su verdugo. Cuando les hablábamos de denunciar a la policía, nos dábamos cuenta de que era el camino que más evitaban, por temor a las represalias. Unas tenían fuerzas suficientes para huir, otras no.

Después de conocer las historias de todas esas mujeres, entendí por qué hay mamás que permiten que sus esposos les hagan daño no solo a ellas, sino también a sus hijos: porque están muertas por dentro, han perdido capacidad para luchar, o padecen un miedo que las paraliza. Algunas pasaron del maltrato del padre —o padrastro— al del esposo, y simplemente se les ha ido la sensibilidad. Un golpe más es solo un golpe. Creen que no pueden defenderse y aceptan su vida infeliz a cambio de comida y techo. Solo sobreviven.

Algunos esposos de Siloé me detestaban, porque decían que les abría los ojos a sus mujeres. Les impedían hablar conmigo, porque sabían que las impulsaría a trabajar y a adueñarse de su vida. Algunas obedecían y seguían en su cómoda incomodidad; otras, como Eva, lograron superarse.

Tuve un cliente psicólogo, columnista del periódico *El País* en esa época. Iba a hacerles las uñas a su esposa y a él, de vez en cuando. Cierta vez me preguntó si podía atenderlo en su consultorio, pues cuando yo iba a su casa era el día que él dedicaba al golf. A la semana siguiente empecé a atenderlo allá. Me indicó que me acomodara en una silla a su lado y ahí empecé a hacer mi trabajo. De pronto llegó un señor de unos cuarenta años y miré

— 182 —

al psicólogo como preguntándole si quería que me fuera, y él me hizo un gesto indicándome que no, que siguiera con sus uñas. Extrañada, continué haciendo lo mío y, de paso, me enteré de todos los problemas de ese paciente. Lo curioso no fue que al señor no le importara que yo escuchara, sino que yo era invisible. Seguí yendo una vez al mes y ningún paciente pidió nunca que me retirara, ninguno se sintió incómodo con mi presencia. Me fui acostumbrando, porque al principio me daba pena estar oyendo los problemas de todas esas personas. A veces hasta me daban ganas de participar en la conversación y me mordía la lengua para que no se me fuera a salir ni una palabra.

Cuando no había pacientes, aprovechaba para hacerle preguntas al psicólogo y él me las respondía todas. El tiempo que pasé en su consultorio me ayudó a entender cómo funcionamos los seres humanos según nuestros miedos, necesidades y deseos. Lo que más me sirvió fueron los consejos que me dio para sacar adelante a mis hijos. Él me enseñó que a los hijos hay que mantenerles la autoestima alta para que no se metan en problemas, que hay que ser siempre amigables con ellos para que nos tengan confianza. Y de pegarles, gritarles o insultarlos, nada. Me repetía que «Cuando uno les pega a los hijos, les grita o los insulta, ellos no dejan de quererlo a uno, se dejan de querer a sí mismos». Me habló de pacientes adultos que habían sido afectados más por los insultos de sus padres que por los correazos. Que las palabras del papá y de la mamá, si son positivas, son como escaleritas para que vayan subiendo, y que los insultos y amenazas, hacen exactamente lo contrario: rebajan y aplastan. También me dijo que cuando uno tiene rabia, debe esperar a que se le pase antes de hablarles o castigarlos, porque con rabia se puede llegar a dar castigos crueles, de los cuales uno se puede olvidar, pero el hijo o la hija quedan marcados para siempre. De ahí es de donde salen las personas inseguras de sí mismas o hasta malas, porque a veces los maltratos desencadenan círculos viciosos interminables de padres e hijos maltratados.

Tuve también un cliente que trabajaba en la fiscalía. Yo les arreglaba las uñas a él, a su esposa y a su mamá. Nunca imaginé que este señor iba a darme una manito en tiempos difíciles.

Una vez hubo una celebración navideña en el taller donde trabajaba Emilio. Yo, puntual pero desprevenida, me fui para allá sin arreglarme mucho, y me encontré con las esposas y novias de los demás trabajadores bien vestidas, maquilladas y peinadas. Apenas entré, me sentí mal y no quise ni acercármele a Emilio, solo quería devolverme. Como todos estaban animados, cantando y bailando con la música salsa que sonaba fuerte, apenas tuve la oportunidad, salí de allí. Estaba a punto de subirme a mi moto cuando vi que iba llegando una empleada del taller, arreglada incluso más que las mujeres que estaban adentro, y me miró de arriba abajo soltando una risita. Di unos cuantos pasos y me le paré enfrente, amenazadora. «¿De qué te estás riendo?», le pregunté. «Obvio, de vos. Estás horrible», me contestó riéndose aún más. La vergüenza que traía de sentirme mal vestida se transformó en rabia, porque nadie tiene por qué burlarse de las carencias de los demás, y me le fui encima a pegarle. Ella respondió a mis golpes, pero yo le llevaba ventaja de sobra. Le di con todas mis ganas; agarrándola del pelo, la dejé en el piso, toda revolcada y con la boca reventada. Emilio salió en ese momento, y al ver lo que acababa de pasar, me miró y me dijo «¡Qué bruta eres! ¡Podrías ir a la cárcel por esto!».

Me fui directo a la fiscalía a contarle todo a mi cliente, y no iba ni por la mitad de la historia cuando entró la mujer que, nomás verme, gritó «¡Me la debes!». El fiscal aprovechó para pedirles a unos policías que la atendieran aparte, pues se mostraba amenazante y representaba un peligro. Aquella mujer había llegado para denunciarme por agresión física.

Cuando terminé de explicarle al fiscal lo que había pasado, él me dijo que debía ofrecer disculpas y decir que nunca había tenido la intención de hacer daño, con el fin de que fuera retirada la denuncia en mi contra. «¡Pero eso es mentira!», respondí, «¡yo sí quería hacerle daño!». Estaba furiosa, ranchada en mi posición y de ninguna manera iba a disculparme. Él me insistía en resolver las cosas por las buenas, y yo le repetía que lo había hecho con mucho gusto, que lo había disfrutado, que lo volvería a hacer y que no estaba arrepentida.

Al ver que no cambiaría de opinión, me mandó a medicina legal para que pidiera un certificado de muñeca dislocada y, con ese papel, intentar ayudarme. Y, efectivamente, el certificado de medicina legal sirvió para que me retiraran los cargos. Lo supe al volver a entrar en la fiscalía, donde me recibieron unos policías que, entre risitas, comentaban que yo era una de esas mujeres de pelea callejera. Yo trataba de buscar una explicación a la pelea y creo que la inicié por el sentimiento de inferioridad que tuve en ese momento. Me dolía el amor propio.

En el trabajo de Emilio sabían que esa mujer no era nada amable, así que no le hicieron caso cuando llegó a contar lo que había pasado.

Un par de días después, mientras manejaba por las calles de Cali, iba dándole vueltas en mi cabeza a lo de la denuncia, se me juntaron la rabia y la tristeza, y empecé a llorar. Creo que había contenido mis emociones y ahora no podía parar, así que tuve que detenerme en una esquina, incapaz de seguir manejando. Y cómo es la vida, justo por ahí iba pasando un cliente. Siempre lo había admirado porque era un señor amable y respetuoso, además de guapo. Al verme, se acercó, preguntó si podía ayudarme, y me puse peor. Tenía el llanto ahogado y no me salían las palabras. ¡No podía contestarle! Me dio mucho sentimiento que alguien totalmente aparte de mi familia estuviera ofreciéndome apoyo. Como no paraba de llorar, él me propuso acompañarme hasta que me viera más tranquila. Siguiendo sus indicaciones, dejé la moto en un estacionamiento y fuimos a una panadería a conversar.

Me desahogué con él y le conté todo. Él me escuchó y me dijo que no había nada de malo en lo que estaba sintiendo. Me aconsejó como un papá o como un amigo. Me habló de aprender de todas las situaciones para enfrentar mejor el futuro y un montón de cosas más que no recuerdo, pero deben haber quedado en alguna parte de mi mente, porque ese encuentro me resultó edificador. Eran palabras sabias saliendo de la boca de alguien que no tendría más de cuarenta años. Estuvimos conversando cerca de dos horas, en las que me tomé dos cafés calientes para recobrarme, pues a pesar del eterno calor de

Cali, sentía un frío intenso. Poco a poco fui sintiéndome más tranquila.

Llamé a la clienta que me esperaba para preguntarle si podía recibirme más tarde, pues no quería cancelar la cita y dejar de recibir un dinero que necesitaba. Ella me dijo que sí, y entonces me despedí del cliente, entré en el baño de la panadería, me lavé la cara, me maquillé un poco y me fui a trabajar. Antes de irse, el señor me pidió que nos encontráramos al día siguiente en la misma panadería, pues tenía algo para mí. Me dijo que no pensara nada malo, simplemente quería hacer por mí lo que alguien hizo alguna vez por él. También me solicitó que le diera mi número de teléfono.

Al día siguiente estuve puntual, bien arregladita, pues quería enmendar la imagen que él había visto el día anterior. Esta vez no me invitó a tomar café, pues solamente había venido a entregarme un regalo. Era el libro *Tus zonas erróneas*, de Wayne Dyer. Le agradecí y le prometí leerlo. Nos despedimos y cada uno siguió su camino.

Nunca me había gustado leer. Lo único que disfrutaba en la escuela, y seguía siendo así de adulta, era hacer cuentas. Sumar, restar, multiplicar y dividir en mi mente era cosa de todos los días. Leer no. Me distraía fácilmente. Si veía un hilo en el sillón donde estuviera sentada mientras leía, me ponía a jugar con él. Si veía una hormiga, la seguía con mi mirada hasta que se perdiera. Con ese libro fue todo lo contrario: una vez que empecé a leerlo, no pude parar. No le dije a Emilio de dónde había sacado el libro, solo que, si quería, se lo podía prestar cuando lo terminara.

Ese libro me ayudó muchísimo a crecer como persona, a entenderme y a cambiar mi forma de pensar. Lo leí con mucha atención y de ahí en adelante traté de aplicar a mi vida todo lo que había aprendido.

Había pasado cerca de un mes, cuando recibí una llamada del cliente pidiéndome que nos viéramos para entregarme dos nuevos libros: *El poder del ahora*, de Eckhart Tolle, y *Deshojando margaritas*, de Walter Riso. Ya en casa, devoré ambos libros. Sentía que renovaban mi forma de ser y de pensar. Desde entonces me convertí en lectora de libros de superación personal y me prometí seguir en la búsqueda de mejora, no solo por mí, sino para poder guiar a mis hijos. Cuando leí esos libros empecé a quererme. Porque una noche en que llegué a casa con un regalo para María Antonia descubrí que yo no me quería.

❉ ❉ ❉

Había ido a mercar y, antes de entrar, al pasar por la zapatería del lado del supermercado, vi unas sandalias hermosas. Recuerdo que eran cafés, con unas chaquiras de colores neón en la correa de amarrar. Me quedé mirándolas y quise comprarlas. Cuando supe que costaban sesenta mil pesos, pensé que estaban muy caras. Seguí paseando por toda la zapatería y encontré unos tenis preciosos para María Antonia. Recordé que los suyos habían empezado a romperse y, sin pensarlo dos veces, los compré. Costaron setenta mil pesos. En el momento en que entregaba el dinero, sentí un dolorcito en el pecho, como una tristeza, una duda o tal vez una culpa.

Me fui a casa con el mercado y con los tenis para María Antonia, que me agradeció feliz. Me dediqué a desempacar el mercado y a preparar la comida, sintiéndome cada vez peor. Cuando me acosté para dormir, mi mente empezó a rondar entre las páginas de los libros que había leído, analizando por qué me estaba sintiendo así y descubrí que no era capaz de gastar una cantidad en mí, pero fácilmente podía gastar más en María Antonia o en Santiago. Traté de encontrar un momento del pasado en que hubiera comprado algo para mí, pero no lo encontraba; siempre había usado ropa y zapatos de segunda. Había tenido la suerte de recibir toda clase de prendas de mis clientas o de sus hijas, así que nunca había considerado necesario comprar. Por supuesto, estaba infinitamente agradecida, pero comprendí que durante toda mi vida había estado usando blusas un poco pegadas, un poco anchas, un poco largas, un poco cortas. Usaba las mismas chanclas todo el año, hasta que estuvieran desbaratadas y no tuvieran arreglo. Si se dañaban, las cosía o las pegaba. Me pasaba la mayor parte del año reparándolas, hasta que ya no dieran más. Pensé en la crema humectante con olor a lavanda que siempre quería aplicarme en las manos, pero que nunca lo hacía porque era para la manicura de mis clientas y no la podía gastar en mí.

Esa noche decidí que en adelante pensaría más en mí y, cuando pudiera, compraría ropa y zapatos de mi talla, de mis colores favoritos, a mi gusto, y empezaría a usar la crema de manos que tanto quería. Seguía mi transformación.

Estrato tres

Después de haber pagado arriendo por varios años en Ciudad Córdoba, nos fuimos a Meléndez, un barrio estrato tres. Doña Leticia, que trabajaba en la Secretaría de Vivienda, fue quien nos empujó a dar ese paso gigante. Era una clienta nueva, y como tantas otras, se interesó en saber más de mí y yo le hice un pequeño resumen de mi vida y de mi familia. Me habló de las viviendas de interés social que ofrecía el gobierno y me dijo que Emilio y yo podíamos aplicar para recibir auxilios que nos permitieran adquirir una. Nos ayudó a llenar formularios con toda nuestra información, indicando, por ejemplo, a qué estrato pertenecíamos. Tuvimos que abrir una cuenta de banco, lo que nunca se nos había pasado por la cabeza, pues si nos quedaba algún dinero al final del mes, iba a parar al tarro de Chocolisto, que hacía las veces de alcancía, y de ahí íbamos sacando en casos de emergencia. El monto mínimo que debíamos tener en una cuenta de ahorros era de cinco millones de pesos, cifra exorbitante para nosotros, pero con la ayuda de Hernán, que nos prestó dinero, pudimos completarla en menos de dos años. Cuando tuvimos la plata, fuimos recogiendo los diferentes auxilios que el gobierno otorgaba, dos millones aquí, tres millones allá, para completar los diecinueve millones requeridos como cuota inicial.

Por fin llegó el gran día en que nos entregaron el apartamento en obra negra. Estaba bastante incompleto, pero nuestra felicidad era inmensa. Hubo que nivelar el piso, repellar y pintar paredes, poner puertas y ventanas. Emilio, María Antonia, Santiago y yo estábamos tan contentos de tener vivienda propia, que decidimos que no pagaríamos más arriendo, así que el mismo fin de semana en que nos lo dieron, así como estaba, nos mudamos al apartamento. Pusimos toda la mudanza en un cuarto; solo usaríamos lo necesario para dormir y cocinar, mientras limpiábamos y organizábamos cada espacio.

Lo primero que conseguimos, regalo de Anita, una clienta y amiga, fueron las baldosas para el piso de la sala, y cuando estuvieron secas, nos fuimos a dormir ahí sobre colchones. Aparte de felicitarme, Ana me había preguntado qué era lo que más necesitábamos, y yo le dije que el piso para uno de los espacios del apartamento, así que me llevó a escogerlo y no solo pagó la cuenta, sino que cargó los materiales conmigo hasta su carro para transportarlos hasta mi nueva vivienda.

Lo segundo que hicimos fue poner ventanas, y a continuación repellamos y pintamos todas las paredes. Para conseguir los materiales trabajábamos incansablemente. Todo era costoso y a la vez indispensable. Terminamos el apartamento pared por pared, pedazo por pedazo, y para algunos casos tuvimos que pagar obreros, pues no queríamos arriesgarnos a hacer algo mal y luego tener que repararlo.

Ya listo lo principal, pusimos el piso de un cuarto y luego el piso del otro, y el estudio lo convertimos en un tercer cuarto. Por último enchapamos los baños y la cocina. La emoción de saber que era nuestra casa, nuestro hogar, con papeles a nuestro nombre, era indescriptible; no nos importaban las incomodidades, ni el olor a cemento o a pintura. Varias de mis clientas aportaron para una cosa u otra, siempre presentes en mi vida.

Yo había vivido en una casita de invasión y ahora me encontraba en un apartamento propio en un tercer piso, en un edificio estable, en un barrio bueno. Para mí, era el mejor lugar del mundo. La alegría de un primer éxito logrado en ese apartamento fue el grado de bachiller de María Antonia. Las cuotas mensuales de nuestra vivienda no eran demasiado altas, así que nunca nos atrasamos en los pagos. Por el contrario, abonábamos más cuando podíamos, porque queríamos terminar de pagar la deuda cuanto antes.

Así pasaron dos años, en los que todo marchaba bien para nosotros cuatro.

❈ ❈ ❈

Después de terminar el apartamento, Emilio y yo nos arriesgamos a pedir un préstamo en un banco, y como ya teníamos los papeles de una propiedad, pudimos conseguirlo. Con ese dinero compramos equipos y alquilamos un local en el centro de Cali para abrir una rectificadora automotriz, con el plan de reparar motores y fabricar piezas que no se consiguen fácilmente en el mercado, especialmente para motos. Con un torno para hacer piezas de hierro y de aluminio, un soldador y una rectificadora para piezas de motos, Emilio se encargó de echar a andar el negocio.

Tal como esperábamos, empezamos a facturar de a poquitos, haciendo una pieza para este cliente, soldando esta pieza para otro, recibiendo trabajos incluso de otros talleres. Como Emilio contaba con bastante experiencia, se esmeraba en entregar cada trabajo perfecto, y sus clientes se iban satisfechos. Y un cliente satisfecho vuelve. Llegó el momento en que había tanto repuesto y tanta orden por entregar, que Emilio me pidió que le diera una manito. Necesitaba a alguien de confianza y con moto para repartir las órdenes que quedaban listas, y quién mejor que yo para ese trabajo. Podíamos decir que éramos felices y que todo en nuestra vida era perfecto, pero no todas las personas alrededor estaban contentas con nuestro éxito laboral. Esa felicidad, producto de tanto esfuerzo, duró poco.

Don Antonio y doña Carmen, dos de mis clientes, me apreciaban mucho y me decían que mi familia y yo estábamos incluidos en sus oraciones diarias. Ese regalo espiritual nos fue muy útil para afrontar lo que nos esperaba.

Don Antonio es un abuelito de más de noventa años, alto y delgado, y en su juventud debió ser apuesto. Nunca había dejado que le arreglaran las uñas, se las cortaba él mismo y lo hacía bien, pero un día tuvo que recurrir a mí porque una se le había enterrado. Trabajé con el mayor cuidado y él quedó agradecido, pues se la saqué sin dolor alguno. Le pregunté por su dedo meñique de la mano derecha, que tenía torcido, y me contó que de pequeño, inocentemente, había metido la mano en una moledora de café.

Por suerte la había sacado rápido y, fuera de la fractura y el dolor, no había pasado nada más; podría haber perdido todo el dedo.

Un día, al pedirme otra vez que le arreglara las uñas cuando acababa de dejárselas bien lindas a su esposa, me dijo «Mijita, puede que esta sea la última vez». Le pedí que no me asustara, pero me quedé triste. Después supe que llevaba varios años «despidiéndose», así que cuando volvía a hacerme el comentario, yo le cambiaba el tema. Han pasado varios años y aún sigo yendo a su casa, a atenderlo no solo a él, sino también a su esposa, doña Carmen.

Doña Carmen es una abuelita de más de ochenta años, que habla con emoción de sus ocho hijos y de sus nietos. Conocí a varios y comprobé que la adoran; ella es el centro de esa familia. Dicen que siempre ha sido fuerte, alegre y bondadosa, y se presta para todo: para paseos, para dar consejos y hasta para hacer bromas. De joven fue enfermera, y era famosa en el barrio por sus diagnósticos y curaciones. Sus hijas cuentan historias sobre eso, y lo que hizo que me apegara mucho a esta abuelita fue que, sin querer, me salvó a mi esposo.

A Emilio le estaba yendo tan bien en su taller, que acepté su solicitud y dejé por un tiempo mi oficio de hacer uñas para trabajar con él. Yo era la mensajera y la todera, pues no solo despachaba órdenes, sino que limpiaba, organizaba, facturaba y cobraba. Estaba ahí lista cada día para lo que fuera necesario. Nos íbamos juntos en la moto todos los días y trabajábamos sin parar hasta altas horas de la noche. Sabíamos que había que dedicarse a sacar adelante el taller, y queríamos que la gente nos reconociera por un trabajo rápido y excelente.

Por doña Carmen cambiamos nuestra rutina un lunes, y el cambio en la hora de llegada al taller fue fundamental para que Emilio sobreviviera.

Doña Carmen me tenía confianza y como sabía que yo andaba en moto, me hacía encargos y me los pagaba. Unas veces quería pandebonos, otras veces rellena, otra vez me encargó unas artesanías para regalarles a los nietos que vivían en el exterior. Yo le daba gusto y le conseguía sus cositas.

Una mañana cociné unos espaguetis que me quedaron ricos y le dije a Emilio que quería llevarle un poco a doña Carmen, así que teníamos que salir más temprano para estar puntuales en el trabajo. Él se apuró y, antes de dirigirnos al taller, pasamos por donde mi clienta, le dejamos la comida y seguimos nuestro camino. Siempre llegábamos a trabajar alrededor de las ocho de la mañana. Ese día, como salimos más temprano, nos rindió el tiempo y llegamos media hora antes.

Ya estaban allí nuestros empleados. ¡Tres empleados! Así de bien nos estaba yendo. Emilio quitó los candados de la puerta metálica del taller y entramos. Cada uno se dirigió a lo suyo, pues cada quien manejaba una máquina distinta.

Emilio fue por la escoba y se puso a barrer afuera, mientras saludaba a los vecinos de esa calle comercial, que iban llegando para abrir sus negocios. Algo que supe mucho después es que Emilio no me dejaba barrer para evitar que los hombres que pasaban por ahí me dijeran cosas, bonitas o feas. Porque todavía existen hombres que creen que a las mujeres nos gustan los piropos callejeros; ojalá algún día aprendan a seguir su camino callados, sin andar soltando sus pensamientos sin que se lo pidan.

Apenas entramos al taller, me fui a la parte de atrás, a preparar café como de costumbre, y regresé al mostrador metálico de la entrada, que hacía las veces de escritorio y separaba la entrada del resto del taller. A las ocho en punto llegó el primer cliente, un muchacho de no más de dieciséis años, de estatura mediana, bastante flaco y con el cabello lleno de trenzas pequeñitas. Dijo que necesitaba que lo atendiera un soldador, así que uno de nuestros empleados quiso ayudarlo, pero él continuó preguntando por partes, como esperando algo.

Emilio entró, y un segundo después se tiró al piso detrás de una máquina, al ver que aquel hombre sacaba de su cintura un revólver. Los demás hicimos lo mismo y nos cubrimos la cabeza, aterrados, mientras oíamos que disparaban seis veces y yo me preguntaba por qué me lo vinieron a matar.

Después de descargar toda su arma, el sicario salió corriendo, se subió en una moto manejada por otro muchacho y ambos arrancaron a toda prisa.

De haber llegado a las ocho de la mañana como de costumbre, el sicario hubiera encontrado a Emilio abriendo la puerta, y de seguro le disparaba por la espalda. En cambio, el hombre lo encontró ya barriendo y saludando a los vecinos, así que, por no arriesgarse, decidió entrar a matarlo en el taller, donde falló.

Al oír los disparos, muchas personas vinieron a ver qué había pasado, los vecinos con armas para defendernos, por si regresaba el malhechor «a rematar a Emilio», y no paraban de hacer preguntas. Algunos daban detalles de los sicarios y de la moto, diciéndonos que su información podría ser útil para ir a poner la denuncia.

Pasado el susto inicial, aliviados de que todos estuviéramos vivos, Emilio nos dijo que, en cuanto llegó a la recepción, al ver al hombre, sintió o leyó las intenciones que traía en su rostro, y por eso había logrado reaccionar a tiempo. Emilio estaba vivo y yo no paraba de agradecer por eso. Y más porque ninguna de las balas lo había tocado. También me dijo que esa mañana, mientras barría, había estado rezando y dando gracias a Dios por el taller y porque estábamos prosperando económicamente. Él cree que sus oraciones lo salvaron, y yo también lo creo. Después de ese momento tan horrible, no lloré. Estaba en choque, impresionada. Pronto llegó un policía de investigación a hacer preguntas, y después de que todos los curiosos se fueron, nos dio instrucciones de no cerrar el taller, pues era probable que el autor intelectual del atentado viniera a verificar si se había llevado a cabo «su encargo». Allí quedaron nuestros empleados mientras Emilio y yo íbamos en el carro del policía —que se ofreció a llevarnos—, para hacer la denuncia. Era un hombre joven que creo que tenía pesar de vernos tan asustados, porque incluso esperó a que saliéramos de la estación para llevarnos esta vez a casa de mis suegros.

No logramos poner la denuncia, pues nos pedían datos del autor intelectual o del autor físico, nombres y pruebas —audios o videos—, y no contábamos con nada de eso. Salimos desilusionados, pensando qué hacer, dónde escondernos. Sin darles muchas explicaciones a mis suegros para no asustarlos, tomamos un apartamento miniatura que estaban alquilando justo al lado de su casa y pedimos que nos prestaran almohadas y cobijas. A

María Antonia y a Santiago les indicamos que fueran a dormir a casa de mi mamá, mientras resolvíamos qué hacer.

Ante las muchas preguntas de don Pedro y doña Flor, que vinieron a traernos comida, nos vimos obligados a contarles, sin darles detalles, porque sentíamos pesar por preocuparlos.

Llegada la noche, lloré todo lo que no había llorado durante el día. Emilio me abrazaba, pero no tenía palabras para consolarme, pues él se sentía igual o peor que yo. Es verdad que estábamos agradecidos, pero ahora nos asaltaba la duda de saber quién quería hacerle daño a Emilio y por qué.

Al día siguiente vinieron unos policías a dar instrucciones de que, si alguien preguntaba por nosotros, ya fuera en el taller, en la casa o donde alguno de nuestros familiares, debían responder que estábamos adentro, con policías de investigación criminal «en ese mismo momento». Así se espantaría a cualquier nuevo sicario, pues el autor intelectual ya debía saber que Emilio continuaba vivo. Y justo eso fue lo que sucedió en casa de mis suegros. Como ellos ya estaban preparados, respondieron según lo indicado, y los dos hombres que llegaron en moto a preguntar por «don Emilio» se marcharon.

Pasaron unos días y Emilio y yo, sintiéndonos seguros en Siloé, rodeados de nuestra gente —hubo quienes nos ofrecieron armas para defendernos en caso necesario, pero nosotros las rechazamos—, empezamos a salir del apartamento. Una tarde llegó a preguntar por nosotros un policía a quien no habíamos visto antes. Nos dijo que por tres millones de pesos nos conseguiría el video de la cámara del poste situado en la esquina del taller, mostrando al sicario y la ruta que había tomado después del atentado. Nosotros le contestamos que ni en sueños teníamos ese dinero, y el policía se fue diciendo que, si lo conseguíamos, él estaba «a la orden». No nos interesaba verle la cara al sicario, pues lo recordábamos lo suficiente como para describirlo. La moto seguramente era robada y la ruta que tomó, tantos días después, ya no era de importancia para nosotros.

Pasaron quince días, ya hacíamos planes para retomar nuestra vida, pensando que tal vez había sido un malentendido, una equivocación, cuando Emilio recibió una llamada de Empanada. Emilio lo saludó, creyendo que se comunicaba para darle malas noticias sobre su amigo, pero el muchacho le contestó que su tío estaba bien, todavía en «la universidad». En cambio, con voz fuerte y seria le pidió que prestara mucha atención a lo que tenía que decirle: acababa de recibir siete millones de pesos de un señor llamado Lucio para matarlo. Estábamos metidos en la boca del lobo, en Siloé, prácticamente al lado del autor intelectual del atentado.

Vi que Emilio se ponía pálido mientras hablaba por teléfono y me acerqué para escuchar. Ni él ni yo podíamos creer lo que estábamos oyendo, pues Lucio había crecido con Emilio y habían estudiado juntos.

Lucio era mayor que Emilio y tenía un taller desde hacía muchos años, con solo dos trabajadores. Sospechamos que tal vez le había dado envidia ver cómo prosperábamos y en nuestro negocio ya éramos cinco. Uno de nuestros empleados había trabajado antes para él y se había retirado porque era mal patrón. Tal vez también le molestó ver cómo con nosotros su exempleado andaba tan contento. Había pasado a considerar a Emilio como un competidor, en lugar de verlo como a un amigo, pues los dos talleres ofrecían servicios diferentes y podrían haberse apoyado para seguir creciendo juntos.

Empezamos a atar cabos y recordamos que, el día del atentado, cuando estaba el alboroto de la gente afuera del taller, había venido el hijo de Lucio a decir que su papá necesitaba que «don Emilio» lo llamara, y por la tarde, Lucio mismo había finalmente llamado a Emilio para preguntarle si había pasado algo, bajo la excusa de que su hermano había visto cerrado el negocio. Eso era falso, pues el taller —por sugerencia de los policías— en ningún momento fue cerrado.

Empanada dijo que teníamos que salir de Siloé, pues esta vez nos estábamos salvando porque el sicario era él, que estaba agradecido por todo lo que Emilio había hecho por su tío, pero de otro matón no nos íbamos a salvar. Con dolor en el alma, hicimos maletas y salimos no solo de Siloé, sino de Cali. No salimos solos, nos llevamos a nuestros hijos, porque nos daba miedo que les hicieran daño a ellos.

Fue doloroso alejarnos y dejar todo lo material con tal de salvar la vida, que es lo único que no tiene reemplazo. Pasaban por mi mente imágenes del taller, de nuestros empleados trabajando contentos, de nuestros clientes agradecidos por el cafecito que les brindaba y por la entrega rápida de sus pedidos. No fue fácil alejarnos de lo que habíamos construido con tanto esmero.

Después de mucho pensar adónde ir, y como por suerte tenemos una familia grande, por fin llamamos a una tía que vivía con su hija en una cabaña en Apía, Risaralda. Esa misma noche fuimos a la terminal de transportes a comprar los boletos y a subirnos en el bus que nos alejaría de Cali, donde nuestras vidas corrían peligro. «Desplazados por la violencia». Esa frase que había escuchado tantas veces, nunca había tenido para mí tanto sentido como en ese momento. Estábamos siendo desplazados, por la fuerza teníamos que alejarnos de nuestra familia, de nuestra casa, de nuestra ciudad y de nuestro trabajo, con tal de preservar nuestras vidas. El dolor que sentíamos era inmenso. Mis hijos estaban asustados y hacían mil preguntas que no sabíamos responder. ¿Dónde vamos a vivir? ¿Por cuánto tiempo? ¿Cuándo vamos a regresar? ¿Qué va a pasar con nuestros estudios? Yo les pedí que confiaran en los designios divinos, y les dije que lo más importante en ese momento era estar vivos y juntos. Mientras viajábamos, les conté con detalle cómo Dios había salvado a su papá tres veces: la primera, en que ninguna bala disparada en el taller lo tocó; la segunda, cuando fueron a preguntar por él un par de sicarios en una moto —y les dijeron que estábamos con la policía—; y la tercera, por el corazón agradecido de Empanada.

Yo estaba tan nerviosa que no paraba de hablar y de repetirles que, si el primer sicario hubiera encontrado a Emilio abriendo el taller, no habría fallado. En una de las tantas repeticiones, Emilio me interrumpió, con una mirada de las más tristes que le he visto, diciéndome que la semana anterior al atentado, Lucio había ido al taller a mostrarle unas piezas, y en vez de entrar, lo llamó desde afuera, para que saliera. Ahora estaba seguro de que actuó así para que el sicario le viera la cara a su víctima. No dejábamos de sorprendernos de tanta maldad en alguien que creíamos cercano.

Después del atentado, Lucio enrejó su taller y su casa, puso cámaras por todas partes y se volvió paranoico, seguramente pensando que Emilio era igual que él y buscaría venganza. Tenía un préstamo con el banco y dejó de pagar sus cuotas, por lo que el banco le embargó el negocio y perdió su taller. Fue raro lo que pasó con él, pues se le vino abajo el negocio de repente. Dicen que todo empezó por Empanada, que lo «boleteó», o sea, lo expuso ante todos, pues decidió hacer público el encargo de Lucio. En la cuadra donde teníamos el taller, todos se enteraron del rumor, y cuando le preguntaban a Lucio, por supuesto él negaba, pero nadie le creía. Como no mató a Emilio, Lucio le pidió a Empanada que le devolviera los siete millones de pesos, pero Empanada no lo hizo, así que quedaron como enemigos. Empanada pertenecía a un grupo fuerte de sicarios en Siloé, así que llevaba las de ganar. Esto lo supimos al regresar, pues en Apía rompimos todo contacto con la gente de Cali, para evitar que dieran información sobre nosotros. Solo mi mamá y mis hermanos sabían dónde estábamos y de vez en cuando los llamábamos para dejarles saber que estábamos bien y mandarles ese mismo mensaje a mis suegros.

Los empleados del taller se encargaron de ofrecer y vender algunas máquinas, y las que eran alquiladas, las devolvieron. Emilio les agradeció lo que hacían por nosotros y les prometió que, si algún día volvía a abrir un negocio, no dudaría ni un instante en llamarlos para trabajar con él de nuevo.

❊ ❊ ❊

En Apía vivimos cuatro meses. Es un pueblo cafetero muy agradable, con un clima perfecto. Mi tía y su hija nos hicieron sentir como en nuestra propia casa. Lo primero para mi tía, después de dejarnos descansar, fue dedicarse a subirme las energías. Con un péndulo, una regla y un hilo midió mi nivel energético, que obviamente encontró bajo. Después me llevó al patio, puso sus manos en mi cabeza y oró durante quince minutos, para luego halarme suavemente los dedos de los pies, todo eso, según sus palabras, para «sacar al diablo». Lo hizo por tres días y me sentí relajada y contenta de estar recibiendo energía bonita de una familiar que de verdad estaba interesada en mi bienestar. A los cuatro nos preparó baños con romero y salvia, hierbas que olían delicioso. Regar esa preparación tibia en nuestro cuerpo nos hizo bien, pues los días anteriores habían estado cargados de estrés y de angustia.

Entre los recuerdos más bonitos que guardo de Apía, aparte de mi tía María y mi prima también llamada María, están el clima fresco y el viento con olor a campo. También estar rodeados de montañas, escuchar gallos a primera hora del día, ver tantas flores de colores, cultivos de café, palos de aguacate, sembradíos de maíz; observar los amaneceres y atardeceres —un espectáculo que no tiene precio—; y lo mejor: la casita de madera donde tuvimos la fortuna de ser recibidos.

María Antonia y Santiago estaban tristes porque habían tenido que dejar sus estudios, y no les buscamos escuelas en Apía porque no teníamos con qué pagarlas; además no planeábamos quedarnos mucho tiempo. Les pedí que trataran de aprender por su cuenta y que aprovecharan el tiempo mientras estuviéramos allá, así que todos ayudábamos a mi tía en los oficios, ya fuera cocinando, limpiando o dando de comer a las gallinas. Emilio salió a buscar trabajo desde el día siguiente al que llegamos, pero por ser una cara desconocida en la zona, generaba desconfianza. Yo también busqué en peluquerías, almacenes y tiendas, sin éxito. Algunas amigas de mi tía se dejaron cortar el pelo y hacer las uñas. Pero no era suficiente para mantenernos y el poco dinero que habíamos llevado, pronto se acabó.

Me impresionaba la vida tan simple allá, donde los niños se veían tan inocentes y los adultos tan buenos, y donde hacían trueque de alimentos entre vecinos. La comida era sana, nada en empaque. Todo era producto de allí mismo, del campo, y comimos frutas como nunca antes.

Habían pasado ya tres semanas y no encontrábamos trabajo, así que decidí arriesgarme a ir a Cali para trabajar al menos por dos días para recoger dinero.

Llamé a mis clientas y todas estaban dispuestas a recibirme, así que hice la prueba. Llegué un lunes a casa de mi mamá, trabajé martes y miércoles, y regresé el mismo miércoles en la noche a Apía. Seguí viajando a Cali cada semana por dos días, y aunque era arduo, lo hacía con gusto, porque podíamos colaborar en casa de mi tía. El viaje en bus duraba cerca de cuatro horas, que se me pasaban rápido pues solo dormía. Cargaba en mi mochila todos los materiales para mi trabajo y dos sacos, uno para ponerme y otro para enrollarlo como almohada.

Emilio y mis hijos ayudaban en todo a mi tía. Durante los cuatro meses en Apía, Emilio estuvo buscando trabajo, pero nunca consiguió. Ya más tranquilos, decidimos regresar, pues no veíamos futuro para nosotros allá. María Antonia y Santiago se pusieron contentos con la noticia y empezaron a hacer planes para reanudar sus estudios. Emilio quería seguir alejado de Cali, pero le dije que lo único que yo sabía hacer eran las uñas, y toda mi clientela estaba en nuestra ciudad, así que no veía otra solución a nuestra situación económica.

Cuando regresamos a Cali supimos que Empanada había ido a parar a la cárcel por cuatro muertos que tenía encima. En el gremio de los sicarios hay unos que tienen «palabra», y este muchacho era uno de ellos. Él decía que no trabajaba para traidores y Lucio, por haber sido amigo de Emilio, contaba como traidor. Si bien al principio nos pidió que no contáramos nada, luego él mismo había desenmascarado al autor intelectual del atentado, y tal vez fue eso lo que llevó a que lo acusaran y lo investigaran por sus muertos anteriores.

❅ ❅ ❅

Como teníamos miedo de regresar a nuestro apartamento, les pedimos a nuestros familiares que nos ayudaran a buscar un lugar barato para alquilar, que no quedara en ninguno de los barrios donde habíamos vivido, pues queríamos ir a donde nadie nos conociera. A veces Emilio me decía que tal vez debíamos arriesgarnos y regresar a nuestro apartamento, pero nunca estuve de acuerdo. El autor intelectual del atentado sabía dónde vivíamos y yo no quería que le diéramos ninguna oportunidad de encontrarnos.

Celina, una sobrina de mi mamá, nos informó que se iba a vivir a Perú y estaba desocupando un apartamento en el barrio

El Ingenio. Al principio descartamos esa opción, pues era un barrio de ricos de verdad, no como los «ricos» de la parte baja de Siloé. En El Ingenio, no tienen uno, sino dos carros por casa. Al ver que no conseguíamos nada rápido, le dijimos a mi prima que nos dejara ocupar el apartamento, y le aseguramos que pagaríamos el arriendo mensual, aunque fuera alto para nosotros. Tomamos esa decisión especialmente porque estaba dentro de un condominio cerrado, con guardia en la portería, y sentíamos que estaríamos doblemente seguros y protegidos.

Cuando huimos a Apía cuatro meses antes, mi hermano Hernán llamó a mi clienta la prima del presidente, le contó lo sucedido y le preguntó si podía hacernos el favor de encargarse de los perros por un tiempo. Ella, aparte de aceptar, nos ofreció su finca de cría de pollos en Jamundí, al sur de Cali, diciendo que allá podía recibirnos a todos por tiempo indefinido. Como mi hermano sabía que queríamos alejarnos, le dio las gracias y le contestó que cuidar de los perros sería ayuda suficiente, así que ella los recibió y los llevó a su finca.

Cuando regresamos de Apía llamé a mi clienta para ir a recogerlos, y con tristeza recibí la noticia de que mi amado perrito Emilio había muerto. Dicen que los animales y las plantas nos protegen, y a veces ellos son los que reciben toda la energía negativa. Creo que mi perro Emilio dio la vida por mí, porque los meses anteriores habían sido demasiado estresantes y deprimentes. Mi perro Emilio murió de un infarto, su corazón falló en lugar del mío.

Cristal regresó a vivir con nosotros. No sé cómo describir su reacción cuando me vio: se me lanzaba encima, me ladraba llorando, trataba de abrazarme. Yo también quería abrazarla, pero no lo lograba porque ella estaba inquieta y no paraba de moverse. Cuando se calmó, fui yo quien empezó a llorar amargamente y aproveché para contarle todo lo que nos había pasado. Para mí fue un momento de desahogo. Ella, como siempre, me escuchó atenta, mirándome a los ojos, y con su mirada y su compañía sentí que me brindaba su comprensión y me perdonaba por haber estado lejos de ella tanto tiempo. Le dije que sentía mucho la muerte de su hijo y le prometí no volver a alejarme.

Poco a poco nos fuimos acostumbrando a nuestro nuevo entorno y empezamos a reconstruir nuestras vidas, María Antonia estudiando su carrera de esteticista profesional en un nuevo instituto y Santiago, en una nueva escuela. No quisimos que regresaran a los lugares de antes, para evitar que Lucio los encontrara y los siguiera para llegar hasta Emilio. Estábamos obsesionados con nuestra seguridad y cualquier medida nos parecía poca.

El valor del arriendo en el nuevo barrio era demasiado para nosotros. Era triste tener nuestra propia vivienda desocupada y pagar arriendo en un apartamento ajeno, pero teníamos claro que la vida no tiene precio, así que nos propusimos trabajar el doble y hasta el triple que antes, Emilio, como empleado en un taller, y yo con lo mío, haciendo uñas.

Ya más acostumbrados, supimos que Lucio, su esposa y su hijo ahora formaban parte de un grupo cristiano, que ya no vivían en Cali, sino en una ciudad al norte del Valle, y que Lucio trabajaba como profesor en un instituto. No sabemos si se arrepintió o si cambió, pero sí nos dio cierta tranquilidad estar lejos de él en todo sentido. También nos informaron que al tercer hijo de doña Paty lo habían metido a la cárcel por porte ilegal de armas. Pobre doña Paty, ya sin esposo y sin los tres hijos hombres. Al menos le quedaban las dos hijas y no parecía estar metidas en problemas. Me prometí ir a visitarlas una vez acabado el momento amargo que estábamos pasando. Tal vez ellas necesitaban más consuelo que yo.

❋ ❋ ❋

Las vueltas y sorpresas que da la vida. Un día nos encontramos en la calle con Esteban, un vecino de infancia, que venía triste, pues había fallecido su papá. Le dimos el pésame y nos sentamos a conversar con él. Entre tema y tema, nos contó que estaba encartado con un lote que su papá había comprado, pero no había terminado de pagar, así que tenía una herencia con deuda. Le pregunté dónde quedaba el terreno, y en cuanto me dijo cuál era su ubicación, le dije «¡Te lo cambio por el apartamento que tenemos en Meléndez!».

El lote estaba ubicado en una calle por donde pasábamos a menudo, y yo siempre me quedaba mirándolo con ganas, pensando lo bueno que sería tener un lote tan bien ubicado para construir en él.

Emilio me miró aterrado y yo, tan emocionada como estaba, no lo dejé hablar. Le pregunté a nuestro amigo el valor de la deuda y le insistí en el intercambio. Ya María Antonia había empezado a trabajar y aportaba para los gastos de la casa. Sabía que, entre Emilio, María Antonia y yo podríamos pagar todas las cuentas y la cuota de la deuda del lote si nos apretábamos una vez más el cinturón. Esteban aceptó, nos prestó dinero para terminar de pagar el apartamento y hacerle la transferencia, y en menos de un mes éramos dueños de una parcela con una deuda que podíamos afrontar. Esteban estaba contento de haberse librado de ese lote, pero más lo estaba yo, pues venía dándole vueltas a una idea para nuestro futuro y ese terreno, para mí, era perfecto.

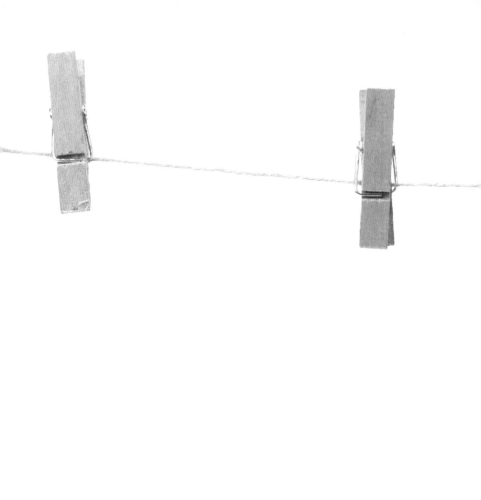

De estrato tres a estrato cinco

Una tarde regresaba de trabajar en mi moto y me detuve en una esquina donde había un olor delicioso, a salchicha asada. Venía con mucha hambre y con suficiente dinero en mi bolso como para darme un gustico, pues había atendido a varias clientas. Pagué mi salchicha con gaseosa y me senté en un pequeño muro afuera de la tienda a comer, sintiéndome bendecida y millonaria. Allí noté a una chica sentada cerca de mí. Pensé que estaba esperando un bus, pero pasaron varias rutas y no se subió a ninguno. Ella me miraba de reojo de vez en cuando pero no decía nada, así que decidí saludarla. Cuando me contestó el saludo noté —por su acento— que era de Venezuela. Nos pusimos a conversar y me contó lo que se vivía en su país: escasez, violencia y separación familiar. Imaginé que ocurría algo incluso peor que lo que se vivía hacía años en la zona más pobre de Siloé. Tal vez para desahogarse, o quizás justificando el hecho de estar en Colombia, me contó varias historias de ella y de sus familiares, ahora ubicados en diferentes países donde les hubiera resultado una oportunidad de trabajo, o donde hubieran sido acogidos por algún pariente, amigo o conocido. Terminó diciendo que ella estaba en eso, esperando que le cayera del cielo alguna oportunidad.

Después de mucho conversar, yo ya había terminado de comer y ella seguía ahí, así que le pregunté qué ruta de bus estaba esperando. Ella me respondió que no tenía dinero ni para pagar un pasaje de bus. En ese momento reaccioné y pensé que esa pobre muchacha tal vez ni había comido, así que la invité una salchicha con gaseosa. Cuando le entregué su comida y su bebida, ella me dijo «Ya regreso». En un momento llegaron dos chicas más, y compartieron la comida y la bebida entre las tres. Me dio mucho pesar y me fui con dolor de ver a esas tres jóvenes buscando cualquier oficio para sobrevivir. Me fui haciendo planes de qué decirles si las volvía a ver. Quizás podría enseñarles a arreglar uñas como ya lo había hecho antes con varias vecinas y amigas.

Una semana más tarde paré en la misma tienda y entré a preguntar por las chicas que me había encontrado antes. La señora me dijo que habían tenido que irse, pues se les habían vencido todos los plazos. Me explicó que operaban siempre de la misma manera: pagaban un primer mes de arriendo y para el segundo mes pedían más plazo y más plazo, sin llegar nunca a pagarlo, hasta que las sacaban. Luego alquilaban otra pieza entre las tres y así se iban ahorrando un mes aquí y otro allá, no solo para lograr vivir con lo poco que ganaban, sino para enviar dinero a sus familiares en su país. Deseé con todo mi corazón volver a encontrarlas para ofrecerles mi ayuda.

No volví a verlas, pero sí me crucé con otros venezolanos en los semáforos, o caminando hacia el sur, yendo para Ecuador. Si me los encontraba después de atender a mis clientes, les daba dinero para que compraran comida, pues tenía claro que yo era millonaria comparada con ellos, y sentía la obligación de compartir mi fortuna.

❊ ❊ ❊

Magali, mi amiga de infancia, la de las piernotas, se dedicó a trabajar en construcción desde joven, y ya de adulta, casada, llevó a su esposo y a su hermana a trabajar en lo mismo. Ella, siempre trabajadora y diligente, llevaba por dentro el dolor de dos hermanos asesinados.

Con el dinero ahorrado, Magali y su esposo pudieron comprar una casita en Siloé, la cual vendieron para pagarle la carrera de policía a su único hijo. Fue difícil para ellos pasar de tener casita propia a pagar arriendo de nuevo, pero la satisfacción de ver a su hijo haciendo una carrera los ayudaba a ser fuertes y a seguir adelante.

La hermana de Magali había quedado viuda tiempo atrás; su esposo se había ahorcado. Una tarde en que subí a Siloé, pasé a saludarlas y me encontré con su sobrinita —la hija menor de la hermana— de doce años, a punto de dar a luz. Me dio tristeza y rabia que nadie la hubiera defendido o preparado para el mundo en el que estaba creciendo. Sería una más de las muchas mamás solteras que hay en el mundo, sí, pero con la diferencia de que esta era una niña. Meses después la vi haciendo tareas con una mano y dándole tetero a su bebé con la otra. Cosas tristes que no deberían suceder suceden en Siloé.

Conociendo las necesidades de las personas que viven en Siloé, tenía por costumbre guardar la ropa y los zapatos que ya

no usábamos, para llevárselos a cualquiera de las familias de conocidos de allá arriba. Un día vi que ya tenía una bolsa llena y
le pedí el favor a mi amiga Ana para que fuéramos en su carro.
Le pregunté si me acompañaría y ella, aventurera, me contestó
que sí. Después de subir varias veces a Siloé, algunas con miedo
y otras veces más tranquilas, empezamos a llamarle a ese paseo
«Las Choco-aventuras». «Choco», porque ambas somos de piel
oscura, y «aventuras», porque ir a Siloé sin ser de allá no puede
llamarse de otra forma. Yo digo que ella es temeraria, pero en
realidad debería decir «buena».

Subimos con la intención de ir a dejar todo donde una señora
que se llamaba Damaris, que tenía una hija y dos hijos, todos con
edades cercanas a los veinte años, a quienes les caería bien lo de
María Antonia y Santiago. A los hijos de Damaris les guardaba
cariño porque hubo una época en que mi hermano Adalberto se
dedicó a enseñarles magia diciéndoles que aprendieran para que
se dedicaran a eso más adelante, pues era divertido y así podrían
ganar dinero. Ellos fueron aprendiendo los trucos básicos, que
ensayaban con mi hermano y conmigo como público. Cuando
llegamos ese día para entregarles la ropa y los zapatos, nos recibió la mamá con noticias tristes sobre sus tres hijos: Luci, la hija
mayor, había muerto. Paco y Chepe, estaban en la cárcel.

Había visto crecer a Luci, a Paco y Chepe. Luci era flaquita
y energética, saludaba a todas las personas en la calle, aunque
no las conociera, y siempre estaba con afán, corriendo de aquí
para allá. Todos sabíamos que Luci andaba en malos pasos, pues
vendía bazuco y tal vez también lo consumía. Llevaba un tiempo
como cabeza de familia porque su mamá estaba enferma. Sus

clientes venían al barrio a comprarle y hasta ahí, digamos, todo estaba bien. Quizás por conseguir más dinero, Luci empezó a vender en barrios vecinos, y un día regresando a su casa le dispararon y murió de inmediato. Con el tiempo, sus dos hermanos se dedicaron a lo mismo, pues era una forma de conseguir dinero rápido. Así fue como terminaron en la cárcel.

❊ ❊ ❊

Aunque ya parecía que estábamos de nuevo «nadando como peces en el agua» en nuestra ciudad, en nuestro ambiente y con nuestra gente, yo no estaba del todo bien. Me sentía en extremo cansada y a veces ese cansancio venía con una sensación de tristeza. Al pensar en mis síntomas, y recordando a los pacientes de mi cliente psicólogo, concluí que estaba experimentando una depresión. Aparte de eso, empecé a sufrir de fuertes dolores de cabeza.

Cuando iba donde mis clientas, tenía que soportar toda clase de preguntas sobre el atentado y el tiempo en que estuvimos ausentes. Yo les contaba todo, reviviendo cada vez la angustia, el miedo y la zozobra que había vivido. Repetí una y otra vez la historia hasta que todas la supieron y fuimos cambiando el tema de conversación.

Mis dolores de cabeza, en cambio, no desaparecían, sino que eran cada vez más frecuentes, y lo mismo mi sensación de cansancio, que solo aumentaba. No me sentía capaz de atender más de cuatro clientas por día, cuando antes podía atender al menos seis. Todo el tiempo estaba tomando pastillas contra el dolor y lo que más deseaba era que llegara la noche para acostarme a dormir. No había comentado nada en casa, pues pensaba que era por el estrés acumulado en los últimos años y el afán constante de conseguir dinero para poder pagar todas las cuentas. Fue tanto el agotamiento físico y emocional y tan fuerte el último dolor de cabeza, que, literalmente, algo en mí explotó.

Nos habíamos reunido un sábado por la tarde en casa de una tía materna, para celebrar el cumpleaños de un primo. En total éramos más de treinta personas, todos familiares del lado de mi mamá. Teníamos un pastel, comida y Coca-Cola, y estábamos pasando un rato agradable.

Cerca de las seis de la tarde, cuando aún no había oscurecido en Cali, de pronto me pareció raro que alguien estuviera prendiendo y apagando la luz. Giré mi cabeza para ver quién estaba haciendo eso y solo encontré a toda mi familia riendo y conversando. Pero no los podía oír. Eran imágenes que aparecían y desaparecían, pues por momentos dejaba de verlos, como si me estuvieran tapando los ojos. Confundida, me alejé del grupo y me senté en una silla. Se me acercaron dos primos a preguntarme por qué me había retirado y cuando les expliqué, pensaron que estaba bromeando. Les pedí que me llevaran a una clínica cercana en la calle novena, y aun así no me creían. Me sentía aturdida, como si mi cabeza estuviera dentro de una burbuja en la que no entraba el sonido, y mientras trataba de entender lo que me pasaba, sentí como si me hubieran desconectado algo dentro de la cabeza.

En ese momento, todo fue oscuridad.

En mis últimos segundos de conciencia, los miré y les dije «Es verdad, me estoy quedando ciega, no puedo ver». Y ahí nomás me desmayé.

Mis hombres, como les digo a mi esposo, a mi hijo y a mis hermanos, pararon un taxi y corrieron conmigo a la clínica que yo había indicado. Cuando íbamos en camino, abrí los ojos por un momento y pude ver, oír y oler, tenía en orden mis sentidos de nuevo. Me di cuenta de que me había orinado y había vomitado, así que les pedí que me llevaran a casa para cambiarme. Me respondieron que eso no era importante, que me llevaban a la clínica de una vez, y todo se apagó de nuevo. Desperté otra vez y vi mucha gente, eran pacientes con sus familiares. Mientras observaba, me di cuenta de que no sentía mis piernas. Me llevaban cargada entre Emilio y Hernán, pues por momentos abría los ojos y luego volvía a desmayarme. Me sentaron en una silla en la entrada de urgencias y pidieron a gritos que me viera algún médico. Una doctora se acercó, me miró y les dijo «La veo muy borracha». Mis hermanos y mi esposo le contestaron que a mí no me gustaba el alcohol y ella, con actitud despectiva, preguntó cuáles eran mis síntomas. Fabián le respondió y solo entonces me pasaron a un cuarto, donde dos enfermeras verificaron mis signos vitales y me examinaron. La doctora dijo que lo que yo tenía parecía migraña, que me daría un medicamento y me tendría en observación unas horas. Emilio se fue a llevar a María Antonia, a Santiago y a mi mamá a casa, pues la espera parecía larga, y los demás familiares que habían ido llegando poco a poco, preocupados, se retiraron también.

Estuve dormida y con suero durante ocho horas. Al ver que pasaba el tiempo y la doctora no daba información sobre mi estado, mis hermanos y Emilio, que había vuelto, empezaron a exigirle que me viera un especialista. Aunque molesta, ella le pidió por fin a otro médico que me examinara. El especialista indicó de inmediato que me hicieran una tomografía de la cabeza. Al ver los resultados del examen dijo «Esta mujer está muy mal. Lo siento mucho, sospecho que tuvo una hemorragia que no se trató a tiempo y ha entrado en coma. Puede ser que de ahí no salga, porque estas situaciones hay que manejarlas durante las tres primeras horas del incidente y creo que la trajeron tarde». Fabián gritó «¡La trajimos a tiempo! ¡Llevamos aquí más de ocho horas!». Los miembros de mi familia que aún estaban allí comenzaron a llorar al oír las palabras del especialista y ya me daban por muerta. Mi esposo miró a la doctora y con voz amenazante le dijo «Mire, vieja desgraciada, si mi esposa se muere, yo a usted la mato».

Los dos médicos hablaron aparte, llamaron a una enfermera y le dieron una orden. En dos minutos estaba lista una ambulancia que me llevaría a la clínica Imbanaco, una de las mejores de Cali y de Colombia en general. Dicen mis hermanos que esa doctora me mandó a morir en otra clínica para quitarse el problema de encima.

Emilio me acompañó en la ambulancia, que tenía médicos y equipos, rogando a Dios en el camino para que allá me salvaran. Mientras tanto, mis hermanos llamaron a toda la familia para pedir que rezaran y que estuvieran preparados para recibir una mala noticia en cualquier momento, pues me veían grave.

Yo no me di cuenta de nada de eso, todo me lo contaron tiempo después, y siempre evitaron decirme cómo lucía en esos momentos.

En el hospital me estaban esperando para operarme, pues los dos médicos de la clínica de la novena habían llamado a dar el reporte de mi estado de salud.

* * *

Día 1. Fui internada en el Centro Médico Imbanaco, donde me di el lujo de estrenar un equipo de angiografía que acababa de llegar y con el cual los doctores comprobaron que la causa de mi desmayo había sido un aneurisma cerebral. Esa misma noche me operaron —exitosamente—, insertando un catéter por la ingle, hasta llegar al aneurisma en el cerebro. Sellaron el aneurisma y extrajeron, además, mucha sangre. Después de la operación me llevaron a la unidad de cuidados intensivos, donde debía permanecer por varios días en observación, con medicamentos que me mantenían dopada, para controlar la presión arterial y para evitar convulsiones. A mis familiares se les informó todo esto y les dijeron que, si todo salía bien, en menos de una semana me pasarían a la unidad de cuidados intermedios, donde me vigilarían unos días más, pues, según palabras de los médicos, la operación podría presentar complicaciones como hidrocefalia o una nueva hemorragia. Mi familia solo podía rezar y esperar.

Mientras mis familiares rezaban y esperaban, entré en coma, mi cerebro dejó de funcionar y tuve una experiencia sobrenatural. Mi cuerpo estaba en esa clínica conectado a los aparatos, pero yo ya no estaba ahí. Estaba en otro lugar.

Sentí cómo mi alma se desprendía de mi cuerpo y flotaba por encima de él, alejándose hacia arriba a gran velocidad, entrando en el túnel del que hablan las personas que han muerto y han vuelto a la vida, un pasaje largo donde la luz era increíblemente brillante y celestial. Parecía que volaba sostenida por nubes tibias alrededor de mí.

Cuando terminé de transitar por ese pasadizo tan acogedor, llegué a un lugar hermoso y pacífico, tapizado con un césped de un verde que no recuerdo haber visto en la tierra. No era oscuro ni claro, era de una tonalidad distinta. Al mirar de frente, veía cómo la hierba se perdía en el infinito. Solo había prado, y por encima, el cielo era de un azul clarito, y esos dos colores me brindaban una sensación de tranquilidad infinita.

No sentía dolor ni tenía preocupaciones, no más planes ni metas por cumplir, no más cuentas en mi cabeza. Mi mente estaba como cuando le dicen a uno que piense en blanco para meditar, no pensaba, solo sentía paz. Empecé a mirar para los lados y vi que el mismo paisaje se extendía hacia todas partes, entonces me dije «Esta debe ser la entrada del cielo». No había tristeza, no había afanes, no más pobreza, no más dolores, no más cansancio, todo era calma y plenitud, daba gusto estar ahí.

Pensé «Ya voy a ver a Dios». Esperé, pero no lo vi.

Después me dije «Seguramente voy a ver a Jesús». Y tampoco lo vi.

Con la serenidad que sentía, ya quería dar el próximo paso. Definitivamente estaba entrando en el cielo, porque todo era hermoso. Me preguntaba qué seguía, cuando de repente cambió la imagen enfrente de mí y allí, de pie, vi a una gran cantidad personas observándome. Mujeres, hombres, niñas, niños, viejitas y viejitos, todos con una característica en común: una paz indescriptible en su rostro. Todos ellos me miraban con amor, y yo podía ver un halo de luz alrededor de cada uno y, de manera espontánea, me inspiraban afecto. Me cobijaba una sensación de calma tan grande, que sentía haber alcanzado el máximo estado de bienestar posible.

Estando así, pensé que entre todas esas personas estarían mis muertos queridos, como mi abuelita, y algunos amigos del barrio y compañeros de la escuela que habían partido antes que yo. Empecé a buscar a mi abuelita, pero no estaba allí. Busqué a Wilson, un amigo del bachillerato nocturno muerto en un accidente, y no lo vi. El hijo mayor de doña Paty, a quien no alcancé a cortarle el pelo, tampoco estaba. Vinieron a mi mente otras personas, como doña Miriam, su esposo y su hija, y nada. Todas eran personas desconocidas para mí. Aun así, me sentía feliz y no quería nada distinto, eran seres que me hacían sentir totalmente segura, aunque tan ajenos como quienes se puede encontrar en un bus de servicio público o en un centro comercial. Lo que me tenía maravillada eran la paz y el amor que irradiaban. Sentía que se comunicaban conmigo mentalmente, como si pudieran leer mis pensamientos y yo los de ellos. Todo lo que me transmitían eran palabras de tranquilidad, que yo sentía y escuchaba en mi alma.

De repente se esfumaron y volví a quedarme sola, en medio del azul del cielo y el verde del césped. Empecé a ver a mi esposo, a mi hija y a mi hijo como en portarretratos, pasando frente a mí. Cuando vi una imagen de Santiago cargando a María Antonia, me di cuenta de que no había pensado en ellos mientras me sentía tan a gusto con todas esas personas desconocidas, así que me arrodillé y empecé a llorar. Seguían pasando sus imágenes, como en un marco cada una, y formando un carrusel alrededor de mí, y no podía parar de llorar. Eran diferentes instantes de su vida: mis niños pequeños y grandes, Emilio jovencito y ahora de adulto. Sentí mucho dolor, pero no era un dolor como el que siente uno en el cuerpo o en el pecho, era un dolor del alma, un hueco dentro de mí, un hueco lleno de tristeza y de culpa.

Empecé entonces a escuchar una voz desconocida: «¿Se va o se queda?». Miré para los lados y no había nadie. De lo que estoy segura es que era una voz fuerte, masculina, que me repetía «¿Se va o se queda?». Creo que Dios me estaba hablando. Yo no me quería ir, porque me sentía a gusto, y no sabía qué contestar, solo miraba a los lados, buscándolo. Mis labios no se abrían, mi mente no pensaba, solo lloraba. Saqué fuerzas y contesté «Lo que tú quieras, mi Dios».

Desperté llena de lágrimas, y vi a cuatro médicos mirándome a la cara. Uno de ellos me habló: «Estás en la unidad de cuidados intensivos de Imbanaco». Y pensé «¿Imbanaco? ¿Estoy viva? ¿No me morí?». El doctor siguió hablando: «Tuvimos que operarte la cabeza porque tenías un aneurisma. Había una venita en el cerebro con una pared más delgadita que las otras y se rompió, liberando sangre dentro de tu cabeza». Parecía un profesor dando una clase, pues movía sus manos y su cara expresivamente. Hizo una pausa como para comprobar que yo lo estaba escuchando, y continuó: «Me imagino que cuando esto sucedió habrás sentido un gran de dolor de cabeza y otros síntomas fuertes, pero quiero que sepas que el peligro ya pasó. ¿Me estás escuchando? ¿Me estas entendiendo?».

Quise abrir mi boca para contestarle, pero no pude mover mis labios, no pude sacar palabras. Podía pensar, pero no podía comunicarme, solo brotaban lágrimas de mis ojos. Era una sensación desesperante, en la que quería hablar, salir corriendo, pero era imposible. No pude mover ni un solo dedo, no sentía ninguna parte de mi cuerpo. Solo funcionaba mi mente: estaba atrapada. Entonces le pregunté a Dios «¿Para esto me devolviste? ¿Para no poder mover ni un dedo?». Sentí desilusión y pensé «Qué pereza haber vuelto a este corre-corre».

Días del 2 al 5. El segundo día me desperté confundida, había estado en el cielo y había regresado, tenía razones para sentirme triste y también para estar feliz. Los doctores me hablaban sin parar y no me daban tiempo de pensar. Me sentía débil y cansada, y volvía a dormirme fácilmente, era poco el tiempo que estaba despierta.

Después de la primera cirugía tuve hidrocefalia —acumulación de líquido en el cerebro— y, según palabras que creo recordar de los médicos, el líquido —a pesar de que había que sacarlo— había impedido que la sangre se secara allá adentro y causara más daño. La hidrocefalia era lo que me impedía moverme, pues todo ese líquido estaba presionando mi cerebro. Mientras Emilio firmaba autorizaciones para realizar nuevos procedimientos quirúrgicos y mis demás familiares rezaban, entre el tercer y el quinto día me operaron tres veces más, para sacar todo el fluido que seguía acumulándose. Recuerdo que los médicos me movían y yo parecía un trapo, no tenía ningún control sobre mi cuerpo. Solo recuerdo que me ponían en una camilla bocabajo y de repente me quedaba dormida. Tengo imágenes sueltas, como fotografías que pasan por mi mente y me parecen tan irreales que no sé si de verdad son recuerdos.

Había momentos en que despertaba y de nuevo sentía que no podía mover nada del cuello hacia abajo. Me mantenían dopada, pues mi cerebro requería reposo y los doctores sabían que, en mis condiciones, eso habría sido imposible si yo hubiera estado despierta y consciente.

Días del 6 al 9. Un día desperté llena de preguntas. Traté de recoger información en mi cabeza, quise entender por qué estaba allí sola, acostada en una fría habitación de hospital, conectada a un montón de monitores. No había logrado atar un par de pensamientos para encontrar respuestas, cuando un doctor joven que se identificó como mi neurólogo, se acercó y me explicó que era normal que no pudiera moverme ni hablar, pues el cerebro controla la movilidad de todo el cuerpo y en esos momentos estaba inflamado después del aneurisma, la hidrocefalia y las cirugías. A pesar de sus palabras, ahora sí sentía mi cuerpo, y estaba segura de poder moverme, aunque me sentía pesada, bajo el efecto de las medicinas.

Recuerdo bastante bien todo lo que me dijo el doctor en ese momento: que estaba contento de verme despierta, que los procedimientos habían salido bien y que solo había que esperar a que el cerebro se deshinchara para recuperar la movilidad, así que tenía que ser paciente. Me pidió que tratara de estar tranquila y me aseguró que dormir me haría bien. Traté de mantener la calma, como me indicaba, y mientras el doctor aún me hablaba, de repente empecé a sentir mucho sueño y ya no recuerdo nada más. No era fácil despertar en un lugar extraño como lo es un hospital, para alguien como yo, tan saludable como había sido siempre.

Mientras estuve en la unidad de cuidados intensivos, solo permitían treinta minutos de visitas por día, así que podían verme dos personas de mi familia por día, quince minutos cada una, vistiendo bata, gorro, botas de tela y tapabocas, para evitar que alguna bacteria o virus que trajeran pudiera causarme una infección. Estuve dopada y dormida todo el tiempo.

Otro día desperté tranquila y sentí esperanza; una fe inmensa llenaba mi ser. Estaba en una habitación de hospital, con una máscara de oxígeno en mi cara, monitores en mi cuerpo y una aguja en mi brazo por donde me suministraban medicinas. Me sentí afortunada de estar tan bien atendida y en un lugar tan bien equipado, con personal interesado en sacarme adelante. Esperanza, fe y agradecimiento, eso sentí ese día.

En otra ocasión tuve un despertar triste y bonito a la vez, pues lo primero que vi fue la carita de mi mamá. Estaba usando los quince minutos de visita permitidos por la mañana dentro de la unidad de cuidados intensivos. Se veía demacrada. Seguramente llevaba unos minutos a mi lado, pues se sorprendió al ver que abría los ojos. Miró el reloj y se apresuró a decirme que sabía que yo era fuerte y que esperaba verme recuperada pronto. Añadió que no debía preocuparme por nada, pues en casa todos estaban bien, y María Antonia y Santiago estaban yendo a estudiar juiciosos como de costumbre. Me di cuenta de que contenía el llanto por su forma de hablar y por su voz quebrada. Yo quería decirle que estaba bien, que estaba feliz de estar viva, viéndola, pero no pude hacerlo, todavía me encontraba débil y estaba bajo el efecto de los medicamentos. Mientras ella me hablaba, le di gracias a Dios por haberme asignado como madre a esa mujer pequeñita pero grande, que me había dado todo. Yo me sentía una buena hija, pero nunca me había detenido a pensar en lo mucho que amaba a mi mamá. Siempre la vi brava y dándonos órdenes; esa había sido su manera de protegernos del mundo que nos rodeaba. Ese día ella no estaba seria ni estaba brava, estaba triste, y yo sentí mi corazón lleno de amor mientras la observaba.

Salió mi madre para que entrara María Antonia. Mi niña ya me había visto en esa cama, conectada a todos esos aparatos, pero solo dormida. Por fin me encontraba despierta, así que se hizo la fuerte para que yo la viera calmada. No habló mucho, solo me dijo que quería que me recuperara pronto y que no me preocupara por ella ni por Santiago, que estaban manejándose bien. Yo me preguntaba qué más estaría pasando por su cabecita en esos momentos y me daba pesar. Me sentí culpable de hacer pasar a mis seres amados por momentos amargos y me prometí que, si salía bien de esa experiencia, sería una mejor persona para ellos. También me prometí trabajar más para ayudar a mi mamá y quitarle cargas de encima.

Estaba en esos pensamientos, cuando mi niña me besó en la cara y se retiró porque se había acabado el tiempo de visitas. Me partió el alma ver su carita triste. Desde ese día empecé a agradecer cuando llegaba la noche, porque estaba segura de que al día siguiente estaría mejor. Me alegraba con el paso de las horas y de los días, porque se iba acercando el momento de mi recuperación.

Otro día, los médicos me revisaron y, viéndome más despierta, se pusieron a bromear conmigo diciendo que querían ser adoptados por mi familia. Estaban impresionados por la cantidad de familiares pendientes de mí, especialmente mi mamá, María Antonia, Santiago y Pau, una prima que se volvió inseparable para mí.

Para conocer mi movilidad y capacidad mental, uno de los doctores se acercó a realizarme un *test*. Me preguntó mi nombre, y le respondí. Me preguntó qué día era y no supe contestarle, pues había perdido la cuenta. Luego me preguntó cómo se llamaba el presidente de Colombia y le respondí «Álvaro Uribe Vélez». Todos los que estaban ahí se echaron a reír a carcajadas, mientras el que me estaba haciendo las preguntas me dijo «No es Uribe, es Juan Manuel Santos». Le dije «Vea, pues, me devolví en el tiempo». Salieron del cuarto riéndose a cuenta mía y diciendo que me veían muy bien. Eso me gustó.

❊ ❊ ❊

Días del 10 al 13. Cada vez despertaba más animada y empecé a llevar la cuenta de los días. Preguntaba la fecha y el día de la semana para asegurarme de que no se me perdía ninguno, y esperaba la llegada del domingo para hacer el recuento de la semana y los avances en mi salud. Cada día me repetía que se acercaba el momento de pararme sola y de salir caminando totalmente recuperada. Supe que mi mamá, igual que yo, estaba llevando la cuenta de mis días hospitalizada y apuntaba si me veía mejor o peor que el día anterior, y así hizo todas las veces que tuvieron que operarme. Con los apuntes de ella y los comentarios de todos mis familiares pude reconstruir el tiempo que viví en el hospital.

Día 14. Mi prima Pau había pedido el primer turno de visita. A todos se les había dado la orden de estar serenos y positivos conmigo para no angustiarme. Nada de malas noticias, nada de llantos ni preocupaciones. Ella se acercó para saludarme, cuando, de pronto, vio que yo me ponía a hacer muecas y a hablar enredado, e incluso que se me cerraba el ojo izquierdo. Asustada, gritó para pedir ayuda, y los doctores, al ver mi estado, informaron que seguramente tendrían que operarme de nuevo porque estaba presentando síntomas de una hemorragia cerebral. Ya iba para la quinta cirugía.

Emilio, angustiado, les rogó que hicieran todo lo posible por salvarme. Ese día, mi hermano Hernán, sin saber lo que estaba pasando, venía sonriente a visitarme, y cuando vio que me llevaban a una nueva cirugía, empezó a gritarme: «Mónica, si usted sale de esta, la llevo a San Andrés. ¿Usted sabe que San Andrés es una isla? ¡Pues si usted se cura, vamos a montar en avión!».

Creo que los médicos aprendieron mucho conmigo, porque todo lo que puede pasar después de que alguien se salva de un aneurisma, me pasó a mí.

En ese momento, sin embargo, no daban muchas esperanzas a mis familiares, pues mi estado era realmente grave, así que les dijeron que debían estar preparados para lo peor, porque era probable que no saliera fácilmente de ahí. Después supe que, durante los cuatro días siguientes, Santiago permaneció en la iglesia de la clínica. Quería estar solo y lo veían con los ojos cerrados y las manos cruzadas todo el tiempo, orando. *Día 15.* Desperté y vi a varios médicos. Hablaban entre ellos y se veían contentos. De nuevo caí en la cuenta de que estaba en una cama de hospital, con muchos monitores alrededor y mangueras de oxígeno que llegaban a mi nariz. Uno de ellos, el neurólogo, me dijo «Mónica, si puedes oírme, trata de hacer un movimiento con tu cabeza o con tus ojos». Moví lo mejor que pude los ojos, y todos brincaron de alegría. Volvieron a comentar entre ellos y esta vez el neurocirujano se dirigió a mí: «Mónica, ¿puedes mover las manos, puedes mover algún dedo?». Todos me miraban las manos y los pies y pudieron ver cómo movía la mano derecha y el pie derecho, y de nuevo reaccionaron con alegría. Después de comentar sobre mis cuidados y tratamientos, tres de ellos se retiraron y el neurocirujano se quedó para hablarme.

Me explicó nuevamente todo, a lo que sumó el hecho de que había tenido un derrame cerebral y habían tenido que volver a operarme, y eso y las medicinas estaban ayudando a que mi cerebro regresara a su condición normal. Uno de los doctores que había estado antes allí regresó y me dijo «Moniquita, usted es una mujer muy fuerte, no cualquiera sale de esto, ¡la felicito!», y continuó: «Allá afuera hay un batallón de gente que quiere verla y yo no he podido dejarlos entrar, así que necesito que se mejore rápido para pasarla a otra habitación». Me sentí agradecida de estar viva y quise dormir, para que llegara pronto el día siguiente.

Días del 16 al 31. Un día desperté y vi que estaba sola. Mis pensamientos ya estaban más coordinados, así que me sentí tranquila. Mi recuperación era más evidente, pues cada vez que intentaba moverme podía hacerlo, no como cuando estaba inmóvil y mi cuerpo no respondía.

Sin embargo, observándome con detalle comprobé que podía mover el lado derecho y, en cambio, todo el lado izquierdo de mi cuerpo estaba paralizado. Al principio me asusté, imaginando cómo sería el resto de mi vida en esas condiciones, pero siguiendo el consejo de los libros que había leído, me negué a seguir pensando así. Si había logrado salvarme de la muerte, seguramente también podría salvarme de la parálisis. Y si no podía volver a mover ese lado de mi cuerpo, le sacaría provecho al otro. Entonces empecé a orar y a dar gracias. Sabía que el agradecimiento era importante para tener un buen estado de ánimo y de salud, y decidí ponerlo en práctica con todas mis fuerzas. Repetía mentalmente «No puedo mover la mano izquierda, pero sí la derecha. Gracias, Dios. No puedo mover la pierna izquierda, pero sí la derecha. Gracias, Dios».

Tenía sentimientos encontrados, porque había pasado de sentir la paz del cielo, a una cama de hospital, conectada a aparatos y con el lado izquierdo paralizado. Una prueba más, pensé, después de tantas que había pasado en la vida. Ya conocía la puerta del cielo y otro día regresaría, tal vez para quedarme definitivamente. Por ahora, el trabajo era otro: recuperarme. Y de nuevo me alegré cuando llegó la noche, porque supe que al día siguiente me sentiría mejor.

En otro despertar tuve un gran susto: vi a un sacerdote y a una monja casi respirándome encima y pensé «¿Será que ahora sí me voy a morir?». Estaban rezando, y al ver que abría los ojos, me pidieron que repitiera con ellos el padrenuestro. Traté de recordar esa oración que había escuchado y recitado tantas veces, pero no pude acordarme ni de una sola frase, así que dejé que rezaran por mí. Después de untarme los ojos con un aceite, el sacerdote me tocó también la nariz, la boca y las orejas, repitiendo unas frases asustadoras, porque hasta al diablo lo nombró, mientras le pedía a Dios que me perdonara y me recibiera en su reino. Como no podía hablar, traté de agradecerle sus buenas intenciones con una sonrisa a él y a la monja, pero creo que no me salió bien por tener un lado de mi cuerpo paralizado, así que parpadeé varias veces en señal de agradecimiento. No sé si los asusté con la mueca que les hice, espero que no. Ya habían hecho lo que podían por mí, así que se dirigieron a la cama de al lado para darle la extremaunción a otro paciente. Ya sin pecados y bendecida, me quedé dormida.

Hubo un momento en el que al despertar, sin pensarlo, quise levantarme. Una enfermera vio mis movimientos descoordinados y corrió hacia mí para sostenerme. ¿Mi reacción? La empujé furiosa y con mi media lengua le grité que me dejara ir. Otras enfermeras vinieron para ayudar a la primera a amarrarme a la camilla, mientras llegaba un médico para aplicarme un calmante. Después de eso, dormí el día entero.

Pasaron días en los cuales estaba más dormida que despierta, y así completé un mes en el hospital. Había dejado la unidad de cuidados intensivos para ir a la unidad de cuidados intermedios, donde empezaron a hacerme terapia física y mental. Yo le preguntaba al neurólogo «Doctor, dígame la verdad, ¿voy a quedar así, discapacitada?». Y él me respondía «Tú no, Mónica, tú eres demasiado fuerte; de ti depende que te pares y estoy convencido de que lo vas a hacer». De esas palabras me agarré y me sigo agarrando cuando dudo de mí, porque sé que muchas personas sí ven toda la fuerza que tengo, aunque yo a veces me sienta decaída.

Lo bueno de esa habitación en el pabellón de recuperación era que de nuevo podía recibir visitas, pues ya había pasado el peligro. Ver a mi familia me recargaba de energías y saber que había tantas personas esperando que me recuperara, hacía que me esforzara por lograrlo. A veces pensaba que lo hacía más por ellos que por mí, pues a ratos me sentía cansada y decaída, pero luego regresaban las fuerzas y lo seguía intentando. Ese tiempo en el hospital me hizo experimentar una maraña de sentimientos, que fui desenredando poco a poco. Con razón los doctores me decían que tenía que ser paciente, porque fue una espera larga, pero valió la pena.

Uno de los momentos que más recuerdo de cuando estaba hospitalizada, casi sin poder moverme ni hablar, fue cuando me visitó mi amiga Eva. Se acercó, me tomó de la mano y me dijo «Mónica, te estás quedando sin mente, como las muñecas». Ese comentario me dolió, y me hizo sentir una mezcla de tristeza y culpa. Ella se dio cuenta, así que trató de consolarme, pidiéndome que por favor no dijéramos más esa frase, que era una maldición que se estaba cumpliendo. Yo había estado repitiendo esas palabras a todas las mujeres que quería que salieran adelante, para que hicieran lo necesario para estar mejor sin darle muchas vueltas al asunto, «sin pensar».

Viendo cómo salían lágrimas de los ojos de Eva, pensé en uno de esos libros que hablan del poder de la palabra y me prometí evitar las negativas. Estaba asustada de pensar que yo misma había provocado lo que estaba viviendo.

Día 32. Desperté empapada en sudor, me sentía caliente y tenía mucha sed. Las enfermeras y los médicos ya se habían dado cuenta de que tenía la temperatura alta y me estaban haciendo exámenes, en los que descubrieron que había contraído una bacteria. Supe que estaban asustados, porque durante todo el día los vi ir y venir, pendientes de mi evolución. Me suministraron antibióticos y al final, también lograron controlar la infección.

Días del 33 al 36. Después de aterrizar, o sea, de analizar mi situación, algo que hacía casi todos los días, noté que sentía mi cabeza más liviana. Se me estaba cayendo el pelo, por tantos tratamientos y medicinas, y quedaba poco de la melena con que siempre había vivido. Lo comprobé cuando entró mi sobrinita y, mientras me saludaba, recogió con su mano todo el pelo suelto que había sobre la almohada. Lo hizo tratando de evitar que me diera cuenta, pero llegué a notarlo. Luego supe que mi mamá y mi niña se habían puesto de acuerdo para hacer lo mismo, y botaban el pelo a escondidas. Cuando pude, les dije que mi cabello era lo de menos, que estaba feliz de estar viva.

❊ ❊ ❊

Vinieron a «visitarme» dos auditores de la EPS (Entidad Promotora de Salud, mi seguro médico), y se mostraron preocupados por la cuenta del hospital, así que pidieron mi traslado a un centro de salud más pequeño durante el tiempo que restaba para mi recuperación. Ese día me estaban visitando mi tía Carlina y mi prima Pau, y las tres nos miramos con desilusión, preguntándonos a qué centro médico me enviarían. Los auditores se tuvieron que ir con las manos vacías, porque todos los doctores se negaron a firmar la petición de traslado e insistieron en que ellos tenían que controlar cada paso de mi restablecimiento. El primero que se negó fue el médico internista, aduciendo que a él no le interesaba si había plata o no y que yo de esa clínica no saldría sin su autorización. Esa fue otra bendición y mi familia y yo sentimos como si nos hubiéramos ganado la lotería, pues los doctores estuvieron de mi parte, dedicados a mi caso como un equipo e individualmente, haciendo todo para salvarme y enviarme sana a casa.

Después de tanto tiempo en la clínica ya todos mis familiares, vecinos y clientes sabían lo que me estaba pasando y su respuesta fue hermosa: todos querían colaborar de acuerdo con sus posibilidades.

Mis hermanos empezaron a recolectar dinero entre los familiares para ayudarnos a pagar la cuenta del hospital. En casos como este, Adalberto repetía «No somos ricos, pero somos muchos». Y de poquito en poquito, recogieron lo que se necesitaba.

Cuando mis clientas venían a visitarme dejaban dinero, entregándomelo a mí si estaba despierta, o a mi mamá, y ella se lo daba a mis hermanos para que se sumara a los fondos que se estaban recogiendo. Para nuestra alegría, la cuenta del hospital fue mucho más pequeña de lo que imaginábamos, y solo tuvimos que pagar el diez por ciento de lo que teníamos estimado. La explicación que tuvimos fue que, como había sido un caso de vida o muerte, la cuenta grande había sido cubierta por la EPS a la que estaba afiliada y solo tuvimos que dar el valor del copago.

En la etapa de recuperación recibí muchas flores, frutas, galletas, pijamas, ¡hasta cremas para el cuerpo y perfumes! Como tenía que usar pañales cuando estaba paralizada, siempre había varios paquetes disponibles. En la pared de mi habitación empezaron a aparecer papelitos y carteles de todos los tamaños y colores, con dibujos y mensajes de familiares, amigos y clientas.

No me faltó nada, absolutamente nada, recibí amor en forma de cuidados, compañía, mensajes y regalos. Me maravillaba saber que había tanta gente con la que podía contar. Hasta Panadero vino de España para visitarme. Él vivía allá con su esposa (a quien yo conocía porque era una vecinita a la que mi mamá cuidaba de pequeña) y sus dos hijas. Me preguntaba qué había hecho en la vida para ser tan afortunada y pensaba que, si me moría, moriría contenta de saber que me querían, así que había hecho bien durante cuarenta años en esta tierra. Me sentía bendecida. Me lo explicaba pensando en que, por mi parte, también había dado amor y compañía; también había prestado oídos a las historias que me contaban mis amigas y mis clientas. Las escuchaba con atención y así les servía para que se desahogaran o simplemente para compartir sus penas, pues había leído que, compartidas, las penas se dividen y las alegrías se multiplican.

A veces las personas solo necesitan ser escuchadas y eso hacía siempre que arreglaba las uñas de mis clientas. *Días del 37 al 43*. Me pasaron de la unidad de cuidados intermedios a una habitación regular. Durante ese tiempo solo podía hablar a medias, pues el lado izquierdo de mi cuerpo continuaba paralizado, lo que incluía mi lengua. Mi mamá me cuidó día tras día, noche tras noche. Solo se despegaba de mí para bañarse, comer y dormir un poco, y regresaba de nuevo. Después de mi mamá, el que más me visitó fue mi hijo. Santiago venía todos los días después de la escuela. Era apenas un adolescente y había pensado que perdía a su mamá. Cuando llegaba, se acercaba cariñosamente, se acostaba a mi lado, me daba el reporte de cómo le iba en sus estudios y me decía que no tenía que preocuparme por nada, que en casa se las estaban arreglando para hacer todo el oficio entre él, su papá y su hermana. La conversación siempre terminaba con «¿Me puedes dar plata para comprar comida en la cafetería?», «¿Me das plata para ir a hacer deporte?», «¿Me das plata que estoy sin cinco?». Yo siempre le indicaba que mirara en mi bolso y le decía cuánto podía sacar del dinero que me habían dejado mis clientas.

El que menos me visitaba era mi esposo, pues tuvo que trabajar el doble y hasta el triple para reunir el dinero para las cuentas de la casa y los estudios de María Antonia y Santiago. Me daba pesar que trabajara tanto, pero a la vez creo que para él fue una situación que lo hizo despertar y reconocer mis esfuerzos del pasado. Dos años antes, él iba bajando de Siloé en una moto-ratón, o mototaxi, y al dar la vuelta en una esquina, los atropellaron a él y al conductor. Cuando me llamaron del hospital, preguntando por algún familiar del señor Emilio, temblé de miedo mientras me pedían que me presentara allá lo más pronto posible. Me tranquilicé cuando me dijeron que no era una situación de vida o muerte, pero que en definitiva él no podía manejarse solo. Salí volando en mi moto y lo encontré enyesado, con la mano y la clavícula derecha fracturadas. Lo que más pedía era que le dieran medicinas para el dolor, porque le resultaba insoportable realizar hasta el menor movimiento. Me imagino que el malestar era fuerte, porque nunca antes lo había visto quejarse.

Estuvo tres días en el hospital y el tiempo de recuperación fue de más de tres meses. Me convertí en su soporte emocional, financiero y físico. Le di todo el apoyo que pude, animándolo además a hacer las terapias físicas. Trabajé día y noche donde mis clientas para reunir el dinero que antes aportaba él, más el mío. Desde que salimos del hospital, yo caminaba enfrente de él como un escudo, para que no se fuera a tropezar con nada ni con nadie. Creo que él vio que había llegado el momento de devolverme el favor y decidió poner de su parte para que yo pudiera recuperarme tranquilamente.

❋ ❋ ❋

Días del 44 al 52. Mientras estuve con poca movilidad, una enfermera y un enfermero me asistían en todo, incluso para bañarme. Curiosamente, aunque me dejaban totalmente desnuda en la camilla, me sentía más cómoda con el hombre que con la mujer, pues ella era seria y calladita, y en cambio el enfermero era dulce y desde que llegaba empezaba a hablar. Era trigueño, alto, fuerte, con una sonrisa como para propaganda de crema dental. A veces me hacía reporte del estado del tiempo, me decía si el sol brillaba, si el cielo estaba nublado o si llovía. Me daba noticias, pero solo buenas. Me contaba cuentos y hasta me decía quiénes habían preguntado por mí en el día. Me hacía reír porque me contaba que había una señora chiquita linda, o sea mi mamá; o un señor barrigón, seguramente alguno de mis hermanos; o una jovencita hermosa, o sea mi hija; u otro señor también barrigón, pero no tanto como el otro. Así se me pasaba rápido ese momento de incomodidad en que no podía valerme por mí misma. Después de ponerme la bata de hospital, me acomodaba el cabello y me decía que ya estaba bonita para que me vieran mis *fans*.

Entre los pensamientos que pasaban por mi cabeza cuando estaba sola, uno me dejaba preocupada: si me moría, Santiago no estaría preparado para salir adelante solo, pues no podría ganar plata por su cuenta. Pensaba en María Antonia y sentía que ella ya podía desenvolverse sola, pero su hermano no. Le di vueltas a ese tema y le pedí a Dios que me diera ideas para que mis hijos pudieran salir adelante en caso de que Emilio y yo llegáramos a faltar.

Un día entró en mi habitación el psiquiatra, un doctor al que no había visto antes. Mi mamá y mi hija estaban conmigo y les pregunté «¿Por qué un psiquiatra? ¿Acaso estoy loca?». Ellas se rieron: «¡Claro que sí! ¡Siempre has sido una loca!». El doctor también se rio. Había venido a recetarme una medicina para controlar la ansiedad, pues «No había que desatender la parte mental», dijo, y pasar tantos días en un hospital era para desacomodarle las tejas a cualquiera. Y para terminar de calmarme, añadió que algunas cirugías de la cabeza se tratan también con psiquiatra y psicólogo, para asegurar la completa recuperación del paciente.

Era un señor de unos cincuenta años, apuesto, amable y peludo. ¡Qué melena tenía! Aunque su cabellera casi gris lucía pulcra, definitivamente le hacía falta pasar por una peluquería. Gracias a él, aunque con mi mente, mi lengua y mi cuerpo trabajando a la mitad, se me ocurrió una idea para que María Antonia y Santiago empezaran a ganar dinero, sin interferir con sus estudios: cortando pelo. Tenían que estudiar peluquería.

En esta etapa de recuperación en el hospital, yo ya me hacía entender y apenas los tuve a los dos juntos, les hablé. Ellos iban repitiendo cada palabra o cada frase que les decía para asegurarse de que me habían entendido. Les sugerí hacer el curso de peluquería y ambos estuvieron de acuerdo. Según mis indicaciones, sacaron el dinero de mi bolso, aquel que nunca estuvo vacío mientras estuve enferma gracias a la bondad de mucha gente.

Como siempre les había dicho que la fortuna había que ir a buscarla, no tuve que convencerlos: ellos ya estaban dispuestos. Siempre me habían visto calculando cuántas uñas tenía que hacer para comprarles cosas o pagar las cuentas de la casa. Siempre les dije que, como no éramos ricos, teníamos que ver qué necesitaban ellos, para ir a vendérselo. Esa era una forma de conseguir plata: atendiendo las necesidades de los otros. A ratos me angustiaba pensando en el tiempo que había perdido ahí en la clínica, en cuántas clientas podría haber atendido y el dinero que podría haber reunido. De repente caía en la cuenta de mi condición y más bien me ponía a orar para poder salir pronto, retomar las riendas de mi vida y seguir con los planes que de repente habían quedado suspendidos.

El doctor peludo me llevaba café a escondidas del personal de enfermería que me cuidaba. Eran apenas unos sorbitos, pero me hacían mucho bien, pues eran momentos en que me olvidaba de que era una paciente y disfrutaba de la libertad de tomarme una bebida caliente y dulce, diferente de la dieta blanda sin sal y sin azúcar que me daban. El doctor, además, olía rico y yo agradecía por mi sentido del olfato, porque podía sentir su perfume y el aroma del café que me traía.

Una tarde, estando mi mamá conmigo, llegó de visita su hermana. Yo había cerrado los ojos para descansar y cuando mi tía entró, las dos pensaron que estaba dormida, así que se pusieron a hablar en voz baja. Cuando mi tía le preguntó a mi mamá cómo iba la tienda, mi mamá le respondió que habían tenido que cerrarla por el tiempo que pasaban en el hospital ella y Fabián pendientes de mí. Escucharla me partió el corazón y me prometí que apenas saliera del hospital, la situación financiera de mi mamá sería una de mis prioridades.

Santiago se había entusiasmado con la idea de aprender a cortar pelo y la puso en práctica rápidamente. No había pasado un mes y él ya estaba ensayando con su papá y todos sus tíos, sin cobrarles, antes de ir a ofrecer sus servicios por fuera. Cuando ellos le dieron el visto bueno, él dio el paso siguiente: se ofreció a cortarles el pelo a todos los integrantes del equipo de fútbol de su escuela por la mitad de lo que cobran en las peluquerías. El más arriesgado le puso su cabeza, y después lo siguieron los demás. Una de mis clientas supo que Santiago había hecho el curso y le trajo de Estados Unidos una patillera. Ahora Santiago no solo cortaba pelo, sino que, con ese aparato, hacia toda clase de diseños en la cabeza de sus amigos.

Algunos vecinos y profesores de Santiago también se arriesgaron a dejarse cortar el pelo por ese jovencito de dieciséis años, y yo me sentía la mamá más orgullosa.

Estuve un total de cincuenta y dos días en el hospital, bajo el cuidado de diferentes médicos y de personal de enfermería. En el proceso de rehabilitación me visitaban constantemente el neurólogo, el neurocirujano, la internista, el psicólogo, el cardiólogo, el psiquiatra, los enfermeros, una fisioterapeuta y una trabajadora social. Cuánto cuidado y cuántas palabras de ánimo recibí de todos. Cada medicina que me daban y cada palabra que me dedicaban era un peldaño más para mi recuperación. Los llevaré por siempre en mi corazón. Sé que me quedo corta en palabras de agradecimiento, el cariño que siento cuando los recuerdo es inmenso.

✿ ✿ ✿

De la clínica salí en silla de ruedas. Movía poco el lado izquierdo de mi cuerpo y tendría que dedicarme a hacer terapia todos los días para recuperar su movilidad. Como el condominio donde vivíamos era de ricos, había piscina, y mi mamá, mi prima Liliana y mis hijos se turnarían para llevarme todos los días.

Al llegar a casa encontré la nevera llena y en la cocina había alimentos de todo tipo. Le pregunté a mi mamá de dónde habían sacado todo eso y me respondió que lo había traído una clienta, la hija de los abuelitos que aprecio tanto. Esa señora, para mí, es como una hermana. En el hospital me visitó varias veces y supe que tenía a toda su familia haciendo una cadena de oración por mí. Sus hermanas estaban orando desde países tan lejanos como Suiza y Estados Unidos. Como si fuera poco, mi clienta vino varias veces más a llenar mi cocina.

Mi perrita Cristal había estado triste por mi ausencia y comía poco. Emilio y mis hijos la consentían, pero no lograban animarla. Cuando regresé esta vez, no se me lanzó encima; solo me miró con tristeza, como si supiera que estaba enferma. Se limitó a olfatearme y gemir. Conforme me recuperaba, ella se iba alegrando. Volvió a comer y fue la de antes, pegada de mí todo el tiempo.

Con el pasar de los días, mi movilidad fue mejorando. Cuando cumplí un mes de haber salido del hospital, los avances eran grandes. En la cita de control dos meses después, el neurólogo quedó contento. Me había dicho «A la próxima cita, te aseguro que vas a venir caminando», y así fue. Pocas veces, me dijeron él y otros médicos, habían visto pacientes que presentaran una recuperación tan rápida.

La verdad es que los doctores me veían por fuera, no por dentro. Me revisaban el cuerpo, pero no podían ver mi espíritu, que se encontraba quebrado. Yo sabía que ellos no lo podían curar, que ese era un trabajo mío y tenía que empezarlo cuanto antes. Era extraño oír a los médicos decir «Qué mujer tan fuerte», porque me sentía débil. De nuevo tuve que agarrarme de las palabras de todos ellos, no de las que pasaban por mi mente, para sacar fuerzas y ser la persona que ellos veían en mí.

Cuando pude empezar a caminar, mi mamá me llevaba a dar paseítos. Si la terapeuta me mandaba a hacerlo por diez minutos, yo lo hacía por veinte. Si me decía que subiera cinco escaleras, subía diez. Siempre hice el doble de lo que me indicaban, estaba dispuesta a recuperarme pronto, pues necesitaba trabajar de nuevo para apoyar a mi familia.

Lo primero que se me ocurrió para sacar adelante mi espíritu fue orar. No quería repetir oraciones, quería hablar directamente con Dios, y eso hacía. Sentía que siempre había estado conmigo y siempre iba a estar, así que día tras día hablaba con él sobre lo que me pasaba. La conversación más triste y más larga fue un día en que mi mamá no vino a casa porque tenía quehaceres, así que fue la primera vez que me quedé sola después de salir del hospital.

Me sentía bastante bien y decidí preparar el almuerzo. Entré en la cocina y me quedé ahí de pie por diez minutos: había olvidado para qué había ido. Me esforcé por recordarlo, así que decidí recorrer la casa para refrescar mi memoria. Entré en mi cuarto sintiendo angustia, me senté en la cama y mi estómago lanzó un rugido. Tenía hambre, necesitaba comer. Fui a buscar en la nevera y vi que había comida del día anterior, así que saqué dos pequeños recipientes, uno con frijoles y otro con arroz. Pensé en calentarlos y no supe cómo, pues mi mente no coordinaba. Había momentos en que me quedaba en blanco. Serví la comida, cogí una cuchara y empecé a comer así, frío. De repente sentí cansancio y quise dormir. Ya en la cama recordé que la primera vez había ido a la cocina para preparar el almuerzo, pero ya no tenía fuerzas. Además, no sabía cómo. Lloré y le pedí a Dios que me devolviera mi memoria y mis recuerdos. Y así me dormí, orando y abrazando a Cristal. Ella me entendía, y aunque no podía hacer mucho por mí, estaba agradecida por su compañía. En la noche le pedí a mi hija que por favor me sirviera la comida y que estuviera bien caliente. A partir de ese día, empecé a observar a todos cuando entraban en la cocina y con cada movimiento de ellos aprendía a vivir de nuevo. Quehaceres menores, de esos que se hacen mecánicamente, sin pensar, se me habían olvidado. A veces recordaba cómo hacer las cosas cuando menos lo necesitaba.

No solo había olvidado cómo funcionar en el día a día, sino también parte de mi pasado, especialmente la época en que mis hijos estaban pequeños. Me di cuenta de que estaba deprimida todo el tiempo, a pesar de las pastillas que me había recetado el psiquiatra para controlar la ansiedad. Cuando mis hijos me preguntaban cómo me sentía, les decía que estaba cansada o cualquier otra cosa que ocultara mi verdadero estado de ánimo. Me pasaba toda la noche pensando, tratando de recordar y no lograba dormir. Tuve noches eternas.

Quebré muchos platos, pues se caían de mis manos. Me alegraba cuando se me caían vacíos, porque cuando se iban al piso con comida, padecía. Lloré recogiendo pedazos de platos y de vasos, y comida desperdiciada. Me esforzaba por concentrarme, porque los objetos que sostenía en mi mano izquierda se caían, porque para mí era como si fueran invisibles, como si no estuvieran ahí. No podía hacer dos cosas a la vez. Si estaba cocinando, trataba de no pensar en nada más, pues un descuido era una olla de arroz quemado. Luego me concentraba en servir, luego en comer. Mis esfuerzos fueron dando resultados y poco a poco aprendí de nuevo a vivir.

Durante una de las citas de control con el neurólogo, le hablé sobre mis olvidos, mis momentos en blanco y mi tristeza. Él me explicó que era normal, pues mi cerebro había sufrido demasiado. Me remitió de nuevo al psiquiatra para que ajustara la dosis de la medicina contra la ansiedad y esta vez me recetó gotas antidepresivas. La nueva medicina me hizo bien, especialmente para dormir, pues si no lograba tener buenas horas de sueño, el día era un verdadero tormento, lleno de tropezones, caídas y daños. Lo bueno era que mi mamá ya no era la mujer seria de antes. Había cambiado y en vez de regañarme, me consentía y me tenía paciencia. A mí me parecía raro verla tan dulce conmigo, pero me gustaba.

Pasó un año dedicado a controles médicos en diferentes especialidades, exámenes y dos nuevas cirugías, que me realizaron en la clínica neurovascular DIME y que se programaron para poner mallas o *stents* en una arteria de mi cabeza. Introdujeron una sonda con una cámara por la ingle hasta llegar al cerebro, una vez a los cinco meses de haber salido del hospital y la siguiente, un año después. La primera vez que me llevaron a DIME fui bajo engaños. Mi mamá, mi hija y mi esposo me dijeron que era para un control, con la intención de que no me asustara. Me ataron a una camilla para evitar que me moviera y me operaron estando consciente, mientras el doctor iba pidiéndome que moviera un dedo, que moviera la mano, que no respirara, que volviera a respirar. Me quedé hospitalizada dos días, pero salí bien de la intervención. El neurocirujano me guió paso a paso en esa cirugía, en la siguiente y en los controles necesarios durante dos años más. Siempre me sentí segura, nunca dudé del éxito de los procedimientos ni de mi recuperación.

Recibí apoyo incondicional de mi esposo, de mi mamá, de mis hijos y de mis familiares, que se pusieron de acuerdo, según supe después, para evitar temas sensibles en mi presencia, como el día en que explotó el aneurisma, los momentos en que caí en coma y el dinero faltante. Doce meses adicionales tuve que esperar antes de volver a trabajar. Fueron meses en los que no encontraba lo que estaba en mis manos, en que me caía porque mi pierna izquierda no pisaba firme, en que olvidaba tomar mis medicinas. Tuve que poner letreros en la cocina, en el baño y en mi cuarto con indicaciones de todo tipo.

❊ ❊ ❊

Decidí que podía volver a trabajar el día en que hice toda mi rutina sin necesidad de mirar un solo papelito. Y entonces retomé mi trabajo, primero atendiendo en mi casa a las clientas que venían a visitarme.

Luego llamé a mis clientas para ver cuál estaba dispuesta a recibirme de nuevo y fue increíble la acogida que tuve, pues todas querían verme y saber de mí. Algunas se animaron a venir a mi casa, y para ir donde las demás, Emilio me llevaba y me recogía, hasta que me arriesgué a conducir de nuevo la moto. Había ensayado dando vueltas a la manzana, así que un buen día me fui a Jamundí para arreglarle las uñas a la hija de la abuelita que había salvado a Emilio. Normalmente me tomaba media hora llegar hasta allá, y con tráfico podían ser cuarenta y cinco minutos. Esa vez habían pasado casi dos horas desde que saliera de casa cuando recibí la llamada de mi clienta, preguntándome si estaba bien, pues llevaba bastante rato esperándome. Le confesé que estaba sentada en una banca en un parque, pues cuando di vuelta en una esquina ya no supe para dónde iba. Ella me dio indicaciones para que buscara en mi teléfono el número de Emilio —porque ni eso se me había ocurrido— y le pidiera que viniera al parque para recogerme.

Después de ese incidente, Emilio empezó a salir conmigo para hacer la ruta de mis clientas. A veces me llevaba, a veces me seguía en otra moto, o me acompañaba en la mía. Así pasamos cerca de tres meses, él pendiente de mí, hasta que decidimos que podía salir sola de nuevo.

Manejando la moto, mi pierna izquierda me jugaba malas pasadas. A veces tenía que parar, luego de darme cuenta de que venía arrastrándola por la calle. Entonces la subía con mi mano y la acomodaba de nuevo. Por eso manejaba lo más despacio posible, pero varias veces regresé a casa con un solo zapato, el derecho.

Un día regresé a casa riéndome, con mi sandalia en pedazos de tanto arrastrarla, cuando encontré a Emilio esperándome con cara triste: Cristal se había puesto malita y había tenido que llevarla al veterinario. No hubo nada que hacer, tenía la presión alta y murió de un derrame cerebral. Mi perro Emilio había muerto en uno de mis momentos de crisis y Cristal, después de mi enfermedad. No sé si fue coincidencia, pero una clienta me dijo que pensaba que ellos habían dado la vida por mí, y con esa idea me quedé.

Después de la muerte de Cristal les pedí a mi esposo y a mis hijos que no consiguiéramos más perros, pues sentía como si se me hubieran muerto dos familiares. Su ausencia era dolorosa y no quería encariñarme de nuevo.

❊ ❊ ❊

Hubo también alegrías, y la más importante fue el grado de bachiller de mi hijo. Comprendí todo lo que mi mamá, mis hermanos y yo habíamos logrado. Siempre estábamos agradecidos con Dios por las oportunidades que nos había dado, pero nunca habíamos hecho el recuento de los logros obtenidos. Todos los otros nietos de mi mamá habían ido a la universidad y pronto también iría Santiago, a empezar su carrera de Mecánica Industrial. Otra vez a mi mamá le brillaban los ojos de orgullo.

Reunimos plata entre Emilio, María Antonia y yo, y se la dimos a Santiago para que se comprara ropa. Ese fue su regalo de grado, y él lo recibió feliz.

Por esos días nos reunimos para hablar sobre las finanzas del hogar, y nos dimos cuenta de que gran parte de nuestros sueldos se nos iba nada más pagando arriendo del condominio donde vivíamos después del atentado contra Emilio. El barrio El Ingenio estaba bien ubicado, era bonito y seguro, pero era costoso para nosotros. Sabíamos que Esteban no ocupaba el apartamento que le habíamos cambiado por el terreno que le dejó su papá, así que le pedimos que nos lo alquilara y él aceptó. Firmamos un contrato de arriendo para ocupar la que había sido nuestra vivienda, y por lo mismo que gastábamos antes en el apartamento de ricos ahora podíamos pagarle a Esteban y también cubrir la cuota del lote. Sin embargo, tres años después no fue fácil regresar y recordar cómo habíamos salido huyendo de allí, y aunque volvimos a sentir miedo, pronto fuimos acostumbrándonos a nuestra nueva realidad, en la que ya no nos sentíamos perseguidos.

Mis dos hermanos mayores son más apegados a sus raíces que mi hermano menor y yo. Para mí, mi origen está en mi mamá, en mis hermanos, a quienes quiero y admiro, y en los familiares que he tenido cerca desde pequeña, como mis tías y primas maternas.

Hernán y Adalberto siempre trataron de saber sobre mi papá, quisieron entender por qué nunca había vivido con nosotros y buscaron la forma de encontrar dónde vivía y con quién, y así se presentaron y se hicieron amigos de nuestros tíos y primos paternos. Un día, uno de los primos llamó a Adalberto para informarle que mi papá estaba enfermo y que tal vez no le quedaba mucho tiempo de vida, pues estaba en un tratamiento de diálisis y su cuerpo no estaba respondiendo bien. Cuando él me lo contó, me quedé callada, pero mentalmente hice el propósito de ir a verlo. A pesar de que nunca vivió con nosotros, de alguna manera estuvo presente. Recordar los momentos bonitos de mi infancia con él me empujó a tomar la decisión de dejar aparte el rencor por su «ausencia y su desamor» (palabras que usaba mi madre en lugar de atacarlo o criticarlo), e ir a visitarlo.

Llamé a una clienta que trabajaba en la clínica donde él estaba y ella me dijo que con gusto me mostraría su habitación. La busqué y, antes de subir adonde estaba mi papá, le pedí que me permitiera llamarlo, pues me sentía nerviosa y no quería aparecerme sin avisar. Ella marcó el número del cuarto desde una estación de enfermería y me pasó el teléfono. Después de timbrar un par de veces, contestó.

Lo saludé:

—Papi, soy yo, Mónica. Estoy en la clínica, vine a visitarlo.

—No, Mónica, por favor, no me vaya a hacer ese daño —me respondió.

Sentí como que me hubieran dado un golpe en el pecho y le pregunté de qué estaba hablando.

—Mijita, me alegro de saludarla, gracias por llamarme, pero no vaya a venir —dijo, hizo una pausa y continuó—: Si mis otros hijos se dan cuenta de que ustedes están pendientes de mí, me dejarán aquí tirado, ya me lo advirtieron.

Me mordí los labios para no expresar mi desilusión y mi tristeza, y me despedí:

—Bueno, papi, entonces no voy a subir. Lo quiero mucho.

Él empezó a toser y cuando logró calmarse, me contestó:

—Dios la bendiga, mijita, también la quiero mucho. Y, por favor, dígales a sus hermanos que no vayan a venir. Voy a colgar, no me pase a nadie más.

Y colgó.

Para mí, ese día murió mi papá.

Supe que tenía otros dos hijos: una mujer y un hombre. Al principio me emocioné pensando en cómo sería compartir con mi hermana, pero pensando en lo que dijo mi papá, decidí que no valía la pena. Tiempo después me contaron que mi hermana había muerto, y que probablemente había sido por un aneurisma. Parece que las dos lo heredamos y, lastimosamente, ella no corrió con la misma suerte que yo.

En cuanto a mis recuerdos, una clienta fue quien me ayudó a recuperar gran parte de ellos: me regaló un cuaderno con unos pequeños unicornios de colores neón —mis colores favoritos— en la portada y me dijo «Mónica, aquí vas a encontrar tu pasado». Al principio no entendí de qué hablaba, pues el cuaderno estaba en blanco. Entonces ella me dijo que era para que empezara a escribir ahí cualquier memoria que me llegara y que lo hiciera sin preocuparme por el orden, porque lo importante era la terapia de poner a funcionar el cerebro y sacar los archivos escondidos. Y, para ayudarme, se dedicó a hacerme preguntas que daban lugar a que yo le contara lo poco o mucho que llegaba a mi mente. Si no recordaba nada de algún tema o de cierta época, les preguntaba a mi mamá y a mis hermanos, y así, con los recuerdos de ellos, fui encontrando los míos.

Quise empezar por el principio, así que busqué entre mis recuerdos los de mi infancia, con los lugares y los eventos que recordaba, al lado de mi mamá y de mis hermanos, en la primera casa donde vivimos. Luego fueron apareciendo otros recuerdos y poco a poco fui llegando hasta el día de hoy, y así fue como surgió este libro, que es otro sueño cumplido: el de tener mi historia escrita. Toda una vida de trabajo, de pasar de estrato cero a uno, a dos y a tres, hasta llegar a vivir en un barrio de estrato cinco. Toda una vida en que he pasado de estar sumergida entre la violencia a vivir en un barrio tranquilo, de la salud a la enfermedad, de perder la memoria a recuperarla, de morir y volver a la vida.

❋ ❋ ❋

Después del grado de Santiago, Hernán me cumplió la promesa de llevarme a San Andrés. Un día me entregó un sobre blanco, mientras sonreía de una manera pícara. Cuando lo abrí, vi que era la reserva para viajar con él y con su esposa en avión, y disfrutar de una de las playas más lindas de Colombia. Ya se había encargado de pedirle permiso al neurocirujano para llevarme y lo había conseguido.

Fue emocionante entrar en un avión por primera vez, pues hasta ese momento solo había visto cómo eran por dentro en la televisión. Estaba curiosa de lo que sentiría cuando despegara, pero no me dio sino un pequeño ataque de risa nerviosa que los demás pasajeros no notaron. De ese viaje disfruté todo: desde las nubes, ver las ciudades pequeñitas desde arriba, el hotel, la variedad de pescados y mariscos que probé, hasta los peinados que me hicieron unas vendedoras en la playa, que me recordaron las trenzas de Lizbeth.

Disfrutar de ese paisaje compuesto de palmeras, arena blanca y agua azul con el sol iluminando todo desde arriba fue una experiencia inolvidable. A Emilio y a mis hijos les prometí que algún día iríamos juntos a disfrutar de ese paraíso. Aparte del regalo de seguir con vida, Dios me estaba dando el regalo de conocer mi hermosa Colombia.

Dos días después de regresar de San Andrés, nos llamaron los hermanos de Emilio para darnos la noticia de que mi suegra estaba enferma. Corrimos a verla en el hospital y allá nos informaron sobre su estado, que era delicado. Doña Flor sufría desde hacía tiempo de cáncer en los huesos y no había querido que le hicieran ningún tratamiento por temor a los efectos secundarios. Habían pasado ocho años desde que le dieran el diagnóstico y, aparte del dolor, que controlaba con medicinas, no presentaba ningún otro síntoma visible, y siempre la veíamos tranquila.

En el hospital le hicieron varios exámenes médicos y, estando nosotros con ella, llegó el doctor para indicar que había que hacerle una cirugía de cadera. La primera reacción de ella fue de temor, pues decía que le daba miedo morir en una sala de operaciones. Emilio le dijo que eso no sería malo, pues la agarraría la muerte dormida y no sufriría. Ella se estaba dejando convencer y se inclinaba por dejarse operar, pero cuando el papá y los demás hermanos de Emilio se enteraron, se opusieron porque eran testigos de Jehová y muchas prácticas médicas están prohibidas para ellos. Doña Flor se dejó persuadir de nuevo y regresó a casa firmando un consentimiento para que la dejaran salir del hospital sin hacerle ningún tratamiento. Pocos días después falleció en su cama, rodeada de su familia.

El paseo a San Andrés me hizo pensar en nuevas oportunidades, así que empecé a preguntarles a mis clientas sobre el proceso de pedir visa para viajar a los Estados Unidos. Algunas la tenían desde hacía tiempo y ni siquiera recordaban cómo la habían obtenido, pero una de ellas sí se tomó el trabajo de conseguirme toda la información y desde ese mismo día me puse a ahorrar. Mi clienta me recomendó con una amiga que me ayudó a llenar la aplicación y a enviar la solicitud, y en pocos días recibí la respuesta y la cita para presentarme en la embajada en Bogotá. No estaba nerviosa, estaba contenta y pensaba que, si no me la daban, al menos conocería la capital de mi país.

Viajé a Bogotá en bus de ida y de regreso. Como me dijeron que allá hacía frío, me compré un saco peludo y me fui a mi aventura. Me pregunto si fue que no le puse muchas ganas y por eso me negaron la visa. Debí prepararme mejor, porque me hicieron abundantes preguntas y hay que saber contestar lo que los oficiales quieren oír. Salí temprano de la entrevista, así que me fui a conocer Monserrate, una montaña famosa donde hay una iglesia. Allá me tomé la foto con mi pasaporte, y en la capilla le agradecí a Dios por seguir prestándome la vida. También le pedí que me diera un empujoncito la siguiente vez que pidiera la visa, porque Bogotá está lejos de Cali y sale caro el viajecito. Además, tengo muchas ganas de ir a Disney, porque mis clientas dicen que es mágico.

En algún momento empezaré a ahorrar de nuevo para esto, pues por ahora todo el dinero que recojo es para las medicinas que no me cubre el seguro médico. A veces hasta me da pena saber que no estoy aportando lo suficiente en la casa, pues, aunque los especialistas a veces no me cobran la consulta, los remedios son carísimos. Los doctores me advirtieron que debo tomar medicinas por el resto de mi vida, especialmente porque mi presión intracraneal quedó alta. A veces Emilio me recuerda lo «costosa» que soy, refiriéndose al valor de las medicinas y los exámenes médicos. Yo hago como que no lo escucho y sigo haciendo mis cosas. Sé que lo dice solo por molestarme, porque lo primero que hace al empezar cada mes es pagar el seguro médico y comprar lo que necesito. Siento que él me valora ahora más que antes, y yo también valoro y agradezco todo lo que él hace por mí y por nuestra familia.

Sigo con mi oficio, pero a un ritmo diferente. Desde hace algún tiempo decidí descansar después de las cinco de la tarde, porque me di cuenta de que, si trataba de hacer tanto como antes, empezaba a dolerme la cabeza y me daban mareos. Por consejo de los médicos he establecido una rutina de vida más sana para mí. Trato de hacer todas mis citas de modo que al final de la tarde pueda estar lista para mi momento de descanso, no más turnos de noche por mi propio bien. Me hace falta el dinero, pero más falta me hace la salud.

Haber estado enferma y al borde de la muerte para luego recuperarme fue una lección espiritual para mí, y podría decir que también para mi familia. Nos dimos cuenta de que el tiempo de Dios es perfecto y de que las cosas no suceden cuando uno quiere sino cuando de verdad llega el momento. Y mientras se trabaja y lucha por lo que se quiere, hay que ser agradecido.

Con frecuencia me voy a mi cuarto, y cierro la puerta para hacer meditación con videos de YouTube. Cuando no tengo ganas de escuchar las charlas de meditación, me pongo a escuchar música clásica o música de relajación, y mi esposo y mis hijos tratan de no interrumpir mi descanso, porque saben que lo necesito. Hay días en que solo quiero dormir, para recargar pilas. Muchas veces recuerdo las palabras de uno de los doctores cuando me dijo que yo estaba viviendo «de *ñapa*» y que, si quería vivir mucho más, tenía que dejar el afán.

No sé si escuché mal, pero cuando estaba en el hospital oí a un doctor diciéndole a otro que me daba dos años de vida. Ya han pasado cinco. ¿Qué debo interpretar de esta situación? ¿Por qué Dios ha querido dejarme aquí tanto tiempo? ¿Cuánto más me queda? La muerte me ha rondado desde pequeña y la lista de personas que se ha llevado delante de mí es larga. Cuando llegan a mi mente este tipo de pensamientos, me dan mareos, y he aprendido a tomar esos mareos como señal de que debo cambiar de tema en mi cabeza, porque pensar en la muerte no debería ser la opción ahora que estoy viva y consciente de ese regalo.

Trato de vivir un momento a la vez y disfrutar la vida. Eso les digo a mis hijos: que vivan sin afanes y que gocen cada momento, que un día estamos aquí y al siguiente podemos no estar, que es mejor no tener nada de qué arrepentirse. Les doy sermones, como mi mamá hacía con nosotros, pero de forma más cariñosa, sin regañarlos, porque prefiero que me vean como a una amiga y que no me tengan miedo. No sé si entienden todo lo que les digo o si solo lo entiendo yo, después de haber pasado por experiencias fuertes y estar tanto tiempo incapacitada.

Ya no me preocupa tener un poco de sobrepeso, pues algunas de las medicinas me hinchan. Me cuido de las comidas grasosas, evito las harinas, hago un poco de ejercicio y, aun así, no logro verme como antes. Pero eso no me hace sufrir, lo entiendo y lo acepto. Ahora sé cuáles son las cosas importantes en la vida y estar gordita no es una de ellas. Ya no le tengo miedo a la muerte, voy de la mano de Dios, cuando él quiera y como él quiera.

Entiendo que todos vamos para allá y simplemente unos van adelante y otros vamos detrás. ¿Por qué razono de esta manera? Podría decir que durante las cirugías me cambiaron el chip de la cabeza. Aparte de que mantengo una tristeza constante, veo todo con otros ojos y nada pasa desapercibido para mí. Analizo cada instante, cada situación, y aunque haya quedado alguna discapacidad, lo que más tengo es agradecimiento. Ya no puedo hacer operaciones matemáticas en mi cabeza como antes. Ahora necesito papel y lápiz. Ya no puedo moverme rápido, ahora todo lo hago lento, porque debo pensar antes. Antes no pensaba en mí y ahora que estoy obligada a hacerlo, ha sido beneficioso. También he visto cambiar a Emilio: me valora y valora el hogar que tiene. Mi enfermedad nos hizo crecer como personas, ya no somos los mismos de antes.

Dejé de sentir emoción ante algunos eventos, y lo que antes veía como malo, ya no me parece terrible. Cuando observo y cuestiono, termino clasificando la mayoría de situaciones en el medio, ni buenas ni malas. Lo que antes me mortificaba, ya no lo hace, porque su nivel de importancia ha cambiado para mí. Ahora encabezan la lista de prioridades la vida y la salud. Pienso que todo lo demás se puede conseguir.

Uno de los doctores del hospital me decía «No pienses tanto, que recalientas el motor», y la trabajadora social me insistía en que tratara de tomar la vida con calma, porque el estrés le hace daño al cuerpo. Ya entendí sus consejos, y les estoy cumpliendo la promesa de cuidar mi mente y mi espíritu, ocupando mis pensamientos y enfocando mis acciones en lo que me hace sentir útil y me proporciona alegría.

Con Santiago y una prima decidimos decorar un parque que hay en la parte de atrás del apartamento sembrando plantas y flores. Me di cuenta de que la naturaleza y las manualidades me renuevan y me dan energía. Pintamos varias llantas de colores neón e hicimos una banca con una tabla que donó una vecina, para sentarnos a tomar cafecito. Un día vi a un niño haciendo tareas en la banca, y mi corazón brincó de alegría. ¡Qué felicidad ser útil para los demás! Momentos así son los que me llenan el alma ahora. En mí no hay pereza y se lo digo y se lo repito a mis hijos, creo que por eso Dios me ha dado tantos empujoncitos, porque ha visto mi empeño en ser mejor y mi esfuerzo por salir adelante. Si se deja la pereza a un lado, hay más posibilidades de conseguir lo que uno quiere y necesita.

Trato de vivir en paz y de dar, porque me hace feliz, y veo cómo se me devuelve. Lo he leído en los libros y lo he comprobado. Un día, mi hija me encontró barriendo no solo la entrada de mi casa, sino también la de los vecinos de los lados. Me preguntó por qué hacía eso y le contesté que, si no lo hacía, el viento traería la basura de ellos a nuestra entrada. Mis vecinos empezaron a notar que la entrada de su casa siempre estaba limpia y nosotros vimos cómo después, algunos de ellos, empezaron a barrer la nuestra. Le mostré a mi hija al señor del lado barriendo y le dije «¿Sí ve? Cuando uno da, recibe».

Trato de reciclar, trato de cuidar el agua. Mis hijos me dicen que soy extrema y yo les digo que quisiera que todas las personas fueran extremas como yo, o al menos ellos, para aportar nuestro granito de arena para cuidar el mundo. Ya los convencí de una de mis nuevas estrategias: todos deben bañarse con un balde en la ducha. No tienen que hacer nada, solo bañarse y dejar que el agua vaya cayendo ahí naturalmente. El balde que se llena se usa para vaciar el baño. Somos cuatro. Cada día ahorramos al menos cuatro baldes de agua que no se gastarán del tanque del sanitario.

Cuando vamos a pasear al río, llevo bolsas de plástico gigantes para recoger basura. A veces mis hijos me regañan diciéndome que no es mi basura, y yo les contesto que la basura no, pero la ciudad sí, y quiero verla limpia. Ellos, por ahorrarme trabajo, me ayudan a llenar pronto las bolsas y yo me rio de ver que aprenden conmigo, aunque a ratos se enojen.

Y así me paso los días, tratando de dar, porque he recibido más de lo que he pedido.

❊ ❊ ❊

Una noche, después de observar largo rato una hermosa luna llena, me acosté a dormir y tuve un sueño. Estaba acurrucada al pie de un lago cristalino, observando decenas de pececitos de colores que nadaban en grupos de aquí para allá y de allá para acá. Sonreía maravillada ante el brillo en sus colores. Había rojos, azules, naranjas y amarillos. Sentí de pronto una presencia a mi lado y vi que era mi abuelita materna. Le sonreí y le señalé los pececitos. Ella me devolvió la sonrisa: «Son tuyos, mijita, son tuyos», me dijo.

Me desperté contenta, sintiendo amor. Después de tantos años de fallecida, mi abuelita todavía conservaba el poder de hacerme sentir bien. Su solo recuerdo me daba una sensación de seguridad y fortaleza. Escribí el sueño en mi cuaderno de recuerdos para no olvidarlo, para encontrarlo ahí cualquier otro día y leerlo, porque sé que me hará bien.

Me impactó tanto ese sueño que se me ocurrió ir a la librería para buscar uno de esos libros sobre los significados de los sueños, pues mi cliente psicólogo me había dicho que los sueños siempre están relacionados con el estado de ánimo y las experiencias. Esto fue lo que encontré:

Soñar con peces: los peces representan resurrección, fertilidad, alegría y felicidad.

Soñar con peces nadando en agua clara: representan estabilidad emocional y financiera.

Soñar con peces de colores: representan abundancia material y espiritual.

Como siempre estoy pensando en mis próximas metas, aquí comparto las que tengo en mente y espero ir logrando:

- Quiero reunir dinero para construir cuatro pisos en el lote que tenemos: el primero será un local comercial para alquilar; el segundo y tercer piso serán apartamentos para alquilar; y el cuarto, un apartamento para vivir nosotros. De ese lote va a salir mi pensión.

- Quiero comprar una casita para mi mamá y pagarle todo, absolutamente todo, para que no tenga que trabajar más y se dedique a descansar y a vivir tranquila.

- Quiero apoyar a mis hijos para que sigan estudiando y para que algún día cada uno tenga su propio negocio.

- Quiero colaborar con mi hermano Hernán para que tenga su propio taller de metalmecánica.

- Quiero impulsar a mi hermano mago para que más gente lo conozca y siga creciendo como artista.

- Quiero ayudar a mi hermano Fabián para que monte su propia panadería.

- Quiero llegar a vieja con Emilio y volver a tener un perro como Emilio.

- Quiero comprar un par de *jeeps* y contratar amigos que los manejen en Siloé, para que lleven gratis por la mañana a la gente que está bajando y por la tarde a los que van subiendo. La prioridad serán niños, niñas, mujeres y ancianos.

- Quiero retribuirle a doña Paty todo lo que hizo por nosotros. Qué bueno sería verla viviendo fuera de Siloé, lejos de tantos recuerdos tristes.

- Quiero estrenar mi pasaporte, viajar y conocer muchos lugares lindos de Colombia y del mundo.

- Quiero aprender a manejar carro. Sé que sabiendo manejar, llegará el carro.

- Quiero tener una finca con casita para ir a pasear con toda mi familia, donde el clima sea fresco para brindarles a todos agua de panela con queso mientras conversamos, con vacas para tener leche fresquita y gallinas para siempre comer huevo frito en el desayuno.

Epílogo

Junio de 2020. Ha llegado una época difícil por causa de la pandemia por Covid 19. Me encuentro en cuarentena obligatoria, junto con mi esposo y con mis hijos, pasando por momentos de incertidumbre, angustia, paciencia y fe. Nos quedamos sin trabajo porque no podemos atender a nuestros clientes. No recibimos dinero porque no salimos a conseguirlo.

El gobierno ha repartido mercados y hemos sido beneficiados, no solo así, sino también por familiares y clientes, que siempre están pendientes de nosotros, así que puedo decir que no nos ha faltado nada. Tenemos comida y salud, que es lo más importante. Y tenemos forma de comunicarnos con nuestros familiares por teléfono, para saber que ellos también están resistiendo.

He tenido tiempo para reflexionar sobre mi vida, y haciendo el balance de las cosas buenas y malas que me han pasado, encuentro más de lo bueno, más han sido las bendiciones y los triunfos, no solo para mí, sino también para muchos que vienen del mismo mundo que yo.

Recuerdo Siloé con dolor y a la vez con agradecimiento, porque allá crecí, y a pesar de la pobreza y la violencia, también aprendí que hay gente dispuesta a mostrar que los buenos somos más y que con amor y trabajo se pueden lograr sueños y metas.

Este virus y esta cuarentena los veo como una prueba más, y estoy segura de que si nos cuidamos y tomamos las precauciones necesarias saldremos victoriosos para reanudar nuestros planes y continuar disfrutando del regalo de la vida.

Agradecimientos

Aunque les he dedicado este libro, quiero agradecerles aquí también a Juan Carlos, por descubrir a la escritora que hay dentro de mí; a Ana Sofía, por darme siempre aportes valiosos; y a Gabriel, por apoyarme con su cariño.

También a mi mamá y a mi papá, por proporcionarme la aventura de la vida.

De manera especial a la protagonista de esta historia, por confiar en mí.

A Lily y a María Isabel, por sus beneficiosas opiniones y sugerencias. Y a mi familia de sangre y a mi familia de corazón, porque sé que van a recibir este libro con alegría.

Margarita González (Cali, 1970) estudió Economía en la Universidad Autónoma de Occidente, ha seguido cursos de escritura creativa. Actualmente radica en Miami con su esposo y sus dos hijos, y este es su primer libro.

Índice

La Manicurista
se terminó de imprimir en diciembre de 2020.